読書と夜桜が好きな
ベテラン受刑者

# 獄食

監獄食　塀の中の食事

富士乃夜桜

# はじめに

善良な社会の人が「知っているようで知らない」のが、刑務所の生活ではないでしょうか。刑務所・受刑者を扱った小説・映画・ドラマは昔から枚挙に遑《いとま》がありませんが、「これはリアルだ！」というものは少ないものです。

その理由として、「刑務所での処遇は決して全国一律ではないこと」があり、もう一つ、その事情を尋ねる、調べようとする人が服役歴のない人なので、「尋ねるポイントポイントを外していること」、答える側も「相手の狙いや胸奥《きょうおう》で求めているものを、適確に考量《こうりょう》できていないこと」があります。

その点で言えば、塀の中の食事がどんなものなのか正確に知るのは難しいことの最右翼かもしれません。知りたくもない方もいると思いますが、紹介させていただきます。

法律上では、一人一日520円という予算が規定されています。内訳は、主食97円、副食423円です。

これは全国一律で、地域によっての差はありません。刑務所での主食は米7麦3の麦飯《めし》です。これも全国一律ですが、副食の内容は各刑務所に任されています。

通常は「管理栄養士」という、刑務官と異なる職員が、献立・レシピを考え、実際に作るのは受刑者です。受刑者ですから、素人も同然というのが普通です。

刑務所での調理場のことは「炊場《すいじょう》」と称しています。受刑者の中から選ばれるエリートたちでもあります。刑務所は裁判を受ける被告人のいる拘置所のように菓子、缶詰、調味料など、自分の欲しい品物を買うことはできません。

例外としては、その受刑態度によって、最下級の5類《るい》から超模範囚の1類まで5段階に等級分けされ、月に1~3回、各等級によって菓子が買えます。1類なら月に3回、2類は月に2回、3類は月に1回という具合です。

その菓子以外では、全て施設が給与する食事だけしかありません。刑務所は、「自由刑」といって、自由を剥奪することが刑罰です。食事も、その一つで自分で自由に選ぶことはできません。
△△が嫌いだからといって、それに代わる物が与えられることもなく、与えられた物を食べるか、食べないかだけです。例外は食物アレルギーのある者に対して代替物が給与されるだけです。
自由も制限され、部屋での娯楽といえばテレビ、ラジオ、読書、囲碁、将棋、自己学習

（自ら選んだ教科の学習）だけで、それだけに「食事」の占める割合は小さくありません。

ある受刑者は、「チョーエキにとって、毎回の食事はイベントです」と言いましたが、言い得て妙でした。まさに「イベント」なのです。

工場の掲示板に、その月の献立表が貼り出されると、みんなが注視し、「△日はトンカツだ」「×日は甘シャリだ」「○日はキムチラーメンだ」と喜ぶ光景が見られます。刑務所内での希少な楽しみになっているのです。

刑務所ですから少年刑務所以外は全員が成人です。しかも私のいる所は、全国の刑務所ヒエラルキーの頂点に君臨する、数少ないLB級刑務所ゆえ、受刑者の平均年齢は50歳前後と、社会ならば壮年の面々です。

そんな彼らが、子どものように献立表を眺めては、一喜一憂しているのが現実で、塀の中の食事とは、それほど重要な「イベント」なのです。

ちなみにLB級とは、懲役10年以上の者が務めるL級《ロング》と、再犯又は暴力団関係者又は、犯行態様が悪質な者が務めるB級の組み合わさったものという意味です。

世間を震撼させた極悪人、凶悪犯という輩《やから》が務めるのがLB級刑務所となります。ここでは通常の懲役10年未満の短期刑務所と違って、服役30年40年50年60年という者がいるだけに、食事の尊さも一入《ひとしお》です。

かくいう私も30年選手で、服役年数の序列ではやっと「上の下」というところになりました。今回は、その30年の間の食事事情を柱に刑務所の処遇の変遷や、短期刑務所とＬＢ級刑務所の受刑者の違い、ＬＢ級刑務所独特の文化、習俗にも触れています。

本書が、読者の皆さんの知的好奇心（？）を刺激し、新たな知識となれば書き手としては望外の喜びです。

それでは、禁断の迷宮《ラビリンス》の旅に出発しましょう！

富士乃夜桜

〈本書刊行にあたり〉

文中の文言・表現等については著者執筆の原稿をそのままに編集しています。

# ◆目次◆

## 第4章　雲の上の所長に対してK子ちゃん絶体絶命!?……119

# 第1章

## LB級刑務所は、ヒエラルキーの頂点!?

我が身の未熟、不徳、過剰、愚かさなどから、無期懲役刑となって移送されたのは、「はじめに」で叙述したようにＬＢ級刑務所でした。

「凶悪犯」「極悪人」「殺人犯」という単語が群れとなって脳裏に去来し、ひょっとすると毎日が闘争、それこそトマス・ホッブズが主著の『リバイアサン』の中で唱えたように「万人による万人の闘争か！」という思いを当時は鍛えまくったゴリラのような胸、父いわく「こいつの胸はメロンだ、メロン」という胸の中に抱えて「ふん、それじゃ致し方ない。諸君、どっちからでもいいからかかって来んしゃい」という決意を秘めつつ、当所の高い門をくぐりました。

私は元来、争いは好みませんが、降りかかる火の粉は全精力を傾けて払うタイプです。いわば、日本の「専守防衛タイプ」なのですが、今や弱小国となった日本と違うのは、敵の侵攻行為に対して、洩れなく防衛出動するところでした。

ＬＢ級刑務所なので他の受刑者も概ね、そんな思考の連中だと見ていたのです。懲役10年以上の長期刑務所は、全国の受刑者の中では希少種です。全受刑者の中の10％にもなりません。

本来ならば、人の道を大きく外れた連中である以上、刑務所にて拘禁しておくより「自由にしてやる!」と言って、大陸間弾道ミサイル（ＩＣＢＭ）にでも乗せて、大気圏の向こうで自爆させるのが至当《しとう》の連中です。

残念ながら、大気圏の向こうでの自爆は叶いませんが、所内での自爆は得意だぜ！　という救いのない連中が生息しています。

そうして、口を揃えて「10年15年なんてあっという間だ。刑のうちに入らねえ」と宣《のたま》うのです。これ、初めは「見栄を張って」と思いきや本音でした。

私自身1年もすると、「けっ、25年を超えてから刑と言っとくれ!」と宣うひとりになっています。受刑者たちは気軽に言います。「10年や15年ならあっという間だから、もうひとやま、やっちまおうかな。」と。反省という語は、ＬＢ級刑務所にはありません。

これが、短期刑受刑者の感覚ですと懲役3年を超えると「長い刑」になってしまいます。たった3年、私からすると刑ではありません。

当所では、残刑期（残りの刑期）が5年を切ると「すぐです」「もう、体半分出てます」と挨拶します。これも見栄ではなく、本音なのです。短期刑受刑者には、アンビリーバボーな世界です。

当所には、塀の近くと外の清掃・運搬・農場要員として逃走のおそれが少ない素性のいい、つまり態度が良い受刑者が全国から移送されてきますが、彼らと長期刑受刑者が一緒になると、自分の刑のあまりの短さに、みんな元気になるのが常でした。

また、短期刑受刑者の中では、懲役4年とか5年でブイブイ言いまわっていた「傷害致死」の受刑者も、私たち殺人事件がポピュラーな長期刑受刑者の集団に入ると、「おっさん、○○を取ってきて」とコキ使われ、途端に下っ端のパシリとなるのも宜《むべ》なる哉《かな》です。で、実際に自分が集団の一員として暮らしてみると、ほとんどは気のいいように見える、少し間の抜けたおじさんたちでした。ただし、自分の欲求が通らないと途端にキレる危ないおじさんたちでもあります。

大半が、そんな傾向を持っているので、日頃は大きな事故、殺し合いにまでは発展しないように、互いに言葉・態度に配慮しながら暮らしているのです。

これが短期刑受刑者同士ですと、「殺人」など、とんでもないことで、口論かせいぜい殴り合う程度ですが、長い刑を科される者は、常識を超越しているので、エスカレートすると何をするのかわかりません。

また、自分の欲求・欲望・怒りへの執着が半端ではないので、燃え上がると自分で止めることができなくなるのが普通です。全員に「アンガーマネジメント」の講習が必要な輩なのです。

どうあれ、そんな所で私の服役生活が始まったのでした。

## 移送初日の食事にびっくり！「これ、何？」

私が当所に到着したのは、午前中であり、昼食が最初の食事になりました。

私たちの食事というのは、麦食の入った物相《もっそう》、大・中・小と三つに仕切られたポリプロピレン製のクリーム色の平皿に副菜3点、それに同じ素材のクリーム色の汁食器に汁物というのが標準です。俗にいう「一汁三菜」の風雅《ふうが》？な世界です。物相というのは、深みのある蓋付きの円筒形の容器で、これもクリーム色のポリプロピレン製です。現在は、同質の丼に変わっています。

私が移送されるまで暮らしていたS拘置所は抜群に食事のいい所でしたので、供される一汁三菜もボリューム・質共に三つ星でした。

ところが、当所は違いました。食事を配るのは、同じ受刑者でも模範囚、エリートの衛生夫《えいせいふ》です。この職種は、担当職員の補助、私たち一般受刑者の世話、作業の準備、食事の配膳、配付などをします。選ばれた受刑者なので、仮釈放も多めにもらえますし、職員からも大事にされるのです。

私の暮らす棟には「経理」係と「掃夫《そうふ》」係の二人の衛生夫がいて、配食をしていました。部屋には、食器孔《こう》があり、そこから次々と物相、皿が入ってきます。

ところが、三菜は入っても一汁が入ってきませんでした。あれ、忘れてんのかな？　と私は部屋の「報知器」を出して職員を呼びました。

「報知器」というのは、室内の廊下側にあるボタンを押すと、廊下にパタンと自室の番号札が出るようになっている設備のことで、職員に用がある時は声を出さずに、これで呼ぶのが全国共通のルールです。

職員が、「どうした?」と来たので、汁物が入ってないけどと告げたところ、「ここは、これで終わりなんだ。汁は、朝の味噌汁くらいだ」と教えてくれたのです。「ええっ！」と思いましたが、食事のことなので、そうですか、と応じて終わりにしました。

そうして副菜を見ると、「なんだ。これは!?」というほど、量は少なく、質も悪かったのです。刑務所では入ってきたばかりの新人には、衛生夫も少なめにするということがありますが、それか、と思いました。

まだ続くようなら、それはその時に対処すればいい、という自信もあったのでした。副菜を分けるのは衛生夫なので、自分の気に入ってる者、仲のいい者、さらには、権力を持ってるヤクザには多めに副菜を盛ります。

これを「顔ヅケする」と称しますが、チェックする職員も衛生夫に任せっきりのことが多く、こんなことができます。まともな衛生夫は、顔ヅケはしませんが、そういう者は少数派で、職員の前では猫をかぶって模範囚でも、本当は「ろくでなし」「ズルすけ」というのが少なくありません。

随分とひどいめしだな、とたいして食べもせず終えましたが、味も薄く、「なんだ、これは」でした。おまけに私は好き嫌いが激しく、野菜で食べられるのは、トマト、キムチ、じゃがいもだけです。

そんなこともあり、夕食でも食べる物が少なく、残飯をどんどん出しました。すると、人の好《よ》さそうな50代の衛生夫が、「ここ、めし悪いですから、我慢して食べないと痩せますよ」と親切な口調で言ってくれました。なんでこんなに優しそうなおじさんが、こんな所に来るんだ、というような人でした。

「昼も夜も味がなく、失敗作のようでしたが、こんなに失敗が多いんですか？」と問うと、

「いいえ、失敗作ではありません。ここは長期刑務所なので成人病予防のために減塩の

他、薄味なんです。何年かすると慣れますから」と、微笑を浮かべながら教えてくれたのです。当時、30代の私は「成人病かぁ」と嘆息しました。

成人病予防ときたか、このメシをこれから何十年も喰うのか、これも修行だな、と己に言い聞かせました。事件前、私は社会での極端な食生活、ライフスタイルのせいで、医者からこのままならあと3年の命と宣告されていたのです。

野菜嫌いの朝・昼・夜と肉食だったので、血管系、循環器系の疾患や狭心症を抱え、常にニトログリセリンの錠剤を持っていました。

自分では、「人生は太く短く」であり、良寛《りょうかん》さんの「災難に逢う時節には逢うのがよく候、死ぬ時節には死ぬがよく候」を実践するとしていたので、生活改善は一切考えていませんでした。

「これ、もう何年食べてますか?」と尋ねたところ、相手は、「10年ちょっと、まだまだ駆け出しです」との会話に、ここはLB級なんだと、思いを新たにしたものです。

私は、常々、どんな環境でも平気でいられるがモットーだったので、これからはこうなんだ、と自分をリセットしました。

あのダーウィンも、生き残る生物は強い生物ではなく、環境に順応した「適者生存」を唱えていますし、ドストエフスキーも『死の家の記録』で、人間が慣れぬ環境というのはないという旨のことを語っています。

私の性格も、どんな環境でも楽しんでやる、でした。

ただ、全国同じ予算なのに、施設によって、こうも違うのか、と妙に感心していたものです。

## 翌日のサプライズ!?

翌日の朝食になりました。

すると、味噌汁は付いたものの、副菜は2品の一汁三菜です。おおい、禅寺か、ここは？の心境でしたが、これがここの食事だと合点がいきました。

そして、味噌汁を一口飲むと、「えっ!?」味がしません。味がないぜ、と報知器を出し、職員に「オヤジ、これ失敗作だ」と告げたのです。オヤジとは、職員のことです。この呼び方は、２０２３（令和５）年12月１日を以って「担当さん」「職員さん」となり、受刑者も従来の呼び捨てから「○○さん」と、さん付けとなりました。

職員はニンマリして、「ここはこれが標準だ。成人病予防で薄味だ。最初はなれないだろうが大丈夫だ。時間が解決してくれる」と教えてくれたのでした。

そうかあ、ここまで薄味かぁ。これなら一日の塩分摂取量、10グラムをきるんだろうなぁ、とヘンに納得したのです。

それまで食物というのは、素材の味ではなく、調味料その他の味付けで食べてきたことを痛感しました。

私は、これが全て標準となると、すぐに切り換えられます。以後、味噌汁は、こんなもんと気にならなくなり、1年も経たずに慣れ、その後はこれが美味だとなりました。

受刑者には何年経っても慣れようとせず、当時は部屋に備え付けられていた醤油を加える者までいたくらいですが、「長い務めなのに、そんなことすら慣れようと努めないのか」と見ていたものです。その後、あまりにつかうということで部屋に備え付けの醤油とソースは廃止となっています。

率直に書けば、受刑者という人種は愚かです。ほんの二、三手先を読めば、自分で自分の首を絞めることになるのに、平然とやって首を絞めていることに、いつまでも気付こうとしません。私も愚か者の一人ですが、極力、善処するようにしています。現在も他から移送されてくる受刑者たちは、当所の味噌汁の味の薄さに驚きますが、私にはこれが、美味です。人間30年も同じ所で食べていれば、こんなものだと慣れない方がおかしいです。ないもの、ないことを求めて不平不満を募《つの》らせるより、いまあるもので満足するのが、心の平穏《へいおん》を得るコツなのだと、観念や理屈ではなく、身を以って知りました。『足を知る』とはこういうことなのか、と。

私のように賢さが欠けていた者は、塀の中で自分と向き合い、自問自答することを重ねれば、わずかなりとも、「こういうことか」とわかることもあるものでした。人は、その気があれば、いくつになっても変われる、とは単なるレトリックではないことがわかりました。

刑が確定して移送されると、初めの2～3週間は「考査期間」といって、知能検査、初歩的な国語や算数のテスト、幹部職員との面接が続きます。その間は独居房（現在は単独室と呼ぶ）で軽作業です。ここでも職員が、受刑者の作業状況、言動・態度を毎日チェックして、幹部に報告します。

毎日、私と職員の間に入って連絡係や配食などをする経理係と掃夫係と親しくなることもあり、私は経理係をしている50代のMさんと仲良くなりました。

温厚で実直そうに見えるMさんは殺人罪で16年の刑、しかも社会での職業は警察官、それも刑事でした。通常、刑事は塀の中では迫害の対象になりやすいのですが、Mさんは人柄の良さと、逮捕術の猛者《もさ》というので、悠然と務めていました。

彼は大阪の人で、関西人イコール薄味!?と思っていた私は、やはり薄味には慣れてる？の問いを発しました。すると、「薄味でも、ここと違って味はしっかりつけてある」とのことでした。

## えっ、罰ゲームかよ!

「ここのメシは全国から集まってくるワル共が口を揃えて『日本最低のメシ』というくらいひどいんですよ。私も何カ所かの拘置所を通ってきたけど、初めは信じられませんでした。味は悪い、量は少ない。チョーエキ好物の物がない、という所だ」とMさんは苦笑します。

目尻の皺が目立ち、よく笑う人だと感じていました。見た目は、がっちり型でごついのですが、温かい人でした。なるほど、「罪を憎んで人を憎まず」とは、こういう人を目《ま》のあたりにした時に感じるレトリックなのだと合点がいったものです。

〝チョーエキ〟とは、受刑者や職員が、受刑者のことや懲役刑のことを指す用語です。「俺たち、チョーエキとはよお」とか「今回のチョーエキはきつい」などと使います。特に受刑者を見下した表現ではなく、ごく自然にチョーエキと言います。

「最初は罰ゲームかと思いましたよ、ここのメシは」Mさんはニッコリします。「今じゃ、食事も含めて全てが罰なんだと悟りましたけどね」

なるほど、全てが罰と思えば、どうってこともありません。その頃の当所の食事は、どうでもいいような野菜炒め、煮物が中心で、他所ででるような肉類、トンカツ・ハンバーグなどは滅多に出ません。

魚も、海に3年、陸で5年（冷凍庫内に）という、「こんなの弁当屋でも買い付けないぜ」という、ひどい魚ばかりでした。調理が悪いのではなく、魚自体が小さく、干涸《ひからび》たような物で、プラスチックの食品サンプル、それも極小の、という代物でした。

「こんな物、猫だって喰わねぇ」とみんなが言う程だったのです。ただでさえひどいのに、あまりにまずいので残飯も多く、もし、毎日きちんと点検していたらこんな副菜は作らないだろうと思ったくらいです。

これなら罰ゲームの物の方がましだろ、と思うのが自然で、他所なら大人気のトンカツも、当所では肉の厚さが3ミリくらいで、「どうやったら、こんなになるのよ」でした。

全国の受刑者のナンバーワンメニューは、パン食の時の「甘シャリ」ですが、これも私の所は、「あらら!」です。甘シャリとは、汁粉《しるこ》、煮豆《にまめ》のことで、他に菓子のこともこう言います。パン食の回数は法律で決まっています。

自分の所でパンを焼く設備がない施設は月に6回、焼く設備がある施設は随意です。焼く設備があるのは、「うまいパン」で超有名な府中刑務所、その府中刑務所の古い設備を譲ってもらったという名古屋刑務所の二カ所です。

パン食も受刑者には人気があります。私たちの食事は法律によって、カロリー数が定められています。立ち作業、作業量が多いエリートの衛生夫などは、A食、座業はB食、工場に出ないで単独室にて軽作業をしている者はC食で、これは病人も同じです。

A食の主食は、1600キロカロリー、B食は1300キロカロリー、C食は1200キロカロリー、副菜で一律1020キロカロリーとなっていますが、この副菜、良い所はもっとカロリーがあります。

特にパン食の副菜となる甘シャリの汁粉又は煮豆などが給与された日は、副菜だけで1300から1400キロカロリーになるのが普通です。ごくわずかですが、1600キロカロリーという「豪勢」な所もあります。するとA食の1600キロカロリーの大きなパンを食べている者は、その日の合計カロリーが３２００キロカロリー。最小のＣ食を食べている者でも、２８００キロカロリーとなるわけです。

パン食時の副菜としては、他に、ハンバーグ、メンチカツ、コロッケなどがありますが、全国の刑務所では、パンの日は大体がカロリーオーバーの特別な日になっているのです。

しかし私の所は違いました。

甘シャリの量は極端に少なく、ハンバーグ、メンチカツ、コロッケなんぞ、滅多に出ません。代わりに出るのは、萎《しおれ》たような野菜サラダです。

汁粉の量も他所が中のモチ込みで、約３６０グラムから５００グラムくらいと多いのに、当所は、なんと２４０グラムと少なく、これが一時は１８０グラムとコップ一杯以下になりました。

大半の受刑者からは大ブーイングで、さすがに幹部職員も動きましたが、「ある壁」に跳ね返されてしまったのです。その「ある壁」については後述しましょう。

どこをどうしたら、ここまでひどい食材、調理、味付けになるのか理解不能という程の悲惨さでした。これが何十年も務めるＬＢ級刑務所なのか、とワル共の間には呪詛《じゅそ》が渦巻《うずま》いていました。

俗に「喰い物の恨みは恐ろしい」と言いますが、当所で暴動にならないのが不思議なくらいでした。大東亜戦争中、刑務所の食事は暴動騒ぎが起こらないように優先して配給されたと仄聞《そくぶん》しましたが、それに比べると、現代のワル共はマイルドになったのでしょうか。

どんなに食事が劣悪な刑務所でも、週に一度、10日に一度くらいは、お待ちかねの献立があるものですが、当所にはありませんでした。そもそも、他所では当然の肉類、ハンバーグ、コロッケ、メンチカツが一年に何回か、のレベルなのです。

どうしようもない、弁当屋も買わないような魚が月6回、いつもカリカリで皿の上でカランコロンところがるような代物です。あとは野菜炒めの崩れたような物で、「俺たちはウサギか、家畜か！」という食事でした。

## これが壁の正体か！

私は3週間して、希望していた印刷工場に配役になりました。小さい頃から「狂」のつく読書好き、ビブリオマニアだったので、少しでも本作りに携《たずさ》われる作業をしたかったのです。

もともと労働意欲の塊で、疲れを知らないハードワーカー。「72・時間、戦えますか」の鬼だったので、考査中の作業も他の受刑者の4倍からものによっては、8倍やり、Mさん以外に職員まで「いったい、どんなふうにやってんだ？」と見にくるほどで、こいつは働き者、真面目だ、となり、印刷工場に行けました。

印刷工場は、学力も関係する所なので、そこの受刑者らは、心の内では、自分を誇っているのです。たくさんの同囚がいて、いろいろ話をしましたが、やはり、当所の食事は日本最低で、「ゴミ」「ドロ」「クズ」「エサ」とまで呼ばれていました。

「ここは、あっという間に痩せます。その立派なガタイも時間の問題ですよ」、同囚人らは頻《しき》りに私に言っていました。実際に入所時は、１２０キロ、１３０キロあった連中が半年あまりで70キロ、80キロとなりました。とのことで、ズボンや上衣はぶかぶかでした。風呂に入れば、彼らの腹には、脂肪が消失したせいで、皮が余って皺のように折りたたまれていました。

もっとも１２０キロもあれば、ここでなくても、痩せはしますが、当所は極端なスピードで現代の飽食時代のアウシュヴィッツか、大東亜戦争中のガダルカナルかというイメージでした。むろん、本当のアウシュヴィッツは１０００キロカロリー以下、ガダルカナルに至っては、ほとんどがゼロカロリーで従軍でした。

さらに悪いことに、私の好き嫌いの激しさがあり、野菜はダメ、キノコ類、きんぴら、ひじき、おからなど、少しでも入っていたら食べません。たとえば、牛丼、豚丼が出たなら、玉ネギ、ネギを除いて肉を食べればいいのでしょうが、その半端さがいやなので、一切食べません。

当時は厄介な性分でしたので、自業自得です。工場に出て、「なるほど、そういうことだったのか」と判明したのは、食事の劣悪さの理由と〝壁の正体〟でした。

その壁の正体とは、献立を作り、調理指導をする管理栄養士のK子女史でした。年齢は40代で、独身で既にマンションも買っている、という職員です。

純粋な栄養士ではなく、女性刑務官から勉強して栄養士になったとかで、私も一度だけ刑務官の制服姿の彼女を見たことがあります。

受刑者たちは口々に「金を残すことが楽しみ」

「がっちり貯め込んでいる」

「休みの日でも、ここに来てメシを喰っている。ひでえ」

「女を捨ててる」

「酒が恋人」

「愛読書は預金通帳のみの人生」

「永遠の処女だ」

「愛を知らない」

「男でもできれば、あんなひっでえメシなんか作らんようになるのに」

「食材の購入で、キックバックさせて私腹をこやしてやがるから、俺らのメシは悪いのだ」

とかいろいろと言いますが、私は論理的《ロジカル》に考えてるので、最後の私腹肥やし説は、あり得ないと感じていました。

中には「酒呑みだから、あんな酒のつまみみてえな物しか作らない」という声もありましたが、これは首肯できました。酒のつまみのような副菜が多かったのは事実です。

私は物事を懐疑的に考える傾向があるので、同囚たちの話をそのまま信じることはなく、一つのことにつき多くの人の話を聞いて、真相に近いと推定するようにしていますが、K子女史が栄養士になってからの話を総合すると、原因の全部が彼女にあるのではない、とわかりました。

受刑者たちは、K女史のことを「K子ちゃん」と呼ぶので私もそうします。K子ちゃんが栄養士になった時、前任者は男性栄養士でした。

一般的に刑務所の栄養士は男性がいいとされているのです。その理由は、「質より量」「男の受刑者の嗜好を知っている」からと言われています。これは職員からも同じことを聞きました。

女性は同じ予算でも質を高めようとするので、そのぶん量が減って受刑者には物足りなくなるということでした。そう、私たちは、ある年代までは「質より量」なのです。しかし、15年20年以上と務め、50代以上になると、胃が小さくなって入らなくなるので、やっと「量より質でもいいか」となるのです。私なんかはそうなっています。

K子ちゃんは、栄養士に着任した時、前任者の献立、レシピを忠実に、踏襲したそうです。これは、当時、服役歴25年を超えた60代後半の無期囚に聞きました。

それなのにふだんから不平、不満しか言わない受刑者たちが文句ばかり並べたそうです。受刑者というのは、感謝することを知りません。だから、文句ばかり言って自分の首を絞めます。

文句を言うなら、良い点を三つ、四つ挙げて、ここはもう少しこうするともっと良くなります、と言うべきなのに、良ければ当たり前で評価せず、欠点ばかり論《あげつら》います。

良かった物を評価することなく、何でも批判し、自分たちの欲求だけを相手への配慮なしに主張し続ける貪婪《どんらん》さの塊ですから、いかに人格円満、親切、徳のある人でもうんざりすることは必至です。

巡り合わせの悪いことに、K子ちゃんは人格狷介《けんかい》、狭量、感情的になり易く、しかも執念深い人でした。以前と同じ物を出しているのに、この連中は何なの、何様のつもりなの！とでも憤慨したであろうことは、その後の当所の食事の内容を見れば、想像するに難くありません。

そんなことがあり、「日本最低のメシ」となったわけですが、もし、K子ちゃんが普通の人並みに寛容とか己の職務へのプロフェッショナリズムを持っていれば状況は違ったことでしょう。

LB級刑務所に来る受刑者の大半は、非常識で他者への配慮・共感がなく、自身のエゴ・欲求剥き出しの人非人です。これは決して誇張ではありません。

私も受刑者ですが、無礼者、私に害を与えようとする者以外には、極力、常識を弁《わきま》え、配慮しつつ接し、一旦口にしたことは守ります。しかし、受刑者というのは、大概が身勝手で、自分のことしかなく、口にしたことも平気で覆《くつがえ》す輩《やから》です。

なので、職員も初めから「チョーエキは裏切るもの、身勝手なもの」と割り切って、大体のことには腹を立てたり、失望したりすることはありません。

特に当所は、全国からやって来るワル共が一様に、「親切で俺たちを人間扱いしてくれる」「威張らない」「怒鳴らない」という印象をうける、温厚で親切な職員が普通でした。これは当所の伝統とも文化ともなっていて、他から転勤してくる幹部職員によっては、「なんともなまぬるいことか！」と嘆く人も少なくありません。

そうした職員が多いので、受刑者の人でなしぶりに対して、感情的になることも滅多になく、まして報復的措置を取ることもありません。もし、こういう人たちが栄養士さんだったならば、当所の食事もずっとましになっていたことでしょうが、K子ちゃんは断じて受刑者たちを赦しませんでした。

## 超高速ダイエット

食べ物の好き嫌いの激しい私は、食べられる副菜が極度に少なく、みるみる痩せていきました。工場での作業中の10分間の休憩時間、運動時間の40分間に、バリバリ自体重での筋トレをしていますが、筋肥大は望めず、立派な死体になるどころか現状維持も至難という状況でした。

何よりも、筋肉の原料となるタンパク質が欠乏していたのです。社会にいたころは筋肉の塊で、162センチと小柄なものの、胸囲は116センチ、腹囲は64センチで、体重は69キロから70キロの間に調整していました。

拘置所でも、入所したばかりの考査期間中の単独室での入浴時にでも、わざわざ他の職員が私の体を見に来て、「どうやったら、そんな体になるんだ？」と熱心に尋ねてくることが多く、私も真摯に体づくりのポイントを説明したものでした。

その体が確実に萎《しぼ》んでいき、入浴時に測る体重も断食（ファスティング）でもしているかのようにハイスピードで減っていったのです。ほんの数ヶ月で10キロ減です。なんたることか!?立派な死体を目指して励もうと企図していたのに、これでは「骨川筋《ほねかわすじ》右衛門《えもん》」になるではないか、と嘆息するばかりでした。そんな時に、毎月やってくる父との面会がありました。

この当時は今のような1類から5類ではなく、1級から4級という等級に分けられ、その等級によって、手紙・面会・菓子購入の回数が定められていたのです。

私は無期囚なので、4級から3級に昇級するまで3年間、さらに2級に昇級するまで3年9カ月もかかりました。短期刑受刑者であれば、その刑の長さによって2カ月から数ヶ月で、どんどん昇級していくのです。

4級者は、手紙便箋7枚のみで、面会(30分間)も月に1回ずつ、3級者は各2回ずつ、2級者は各週に1回ずつ、超模範囚の1級者は随時となります。

単に期間が経過すれば昇級するのではなく、その間、「無事故」でなければなりません。無事故というのは、刑務所内の規則を破ることなく、真面目に生活することです。

もちろん同囚・職員との口論を含む争いなど以っての外《ほか》で、トラブルなく過ごすことが基本になります。

これを「累進処遇システム」と称し、ワル共を施設内で従順・平穏に管理するためのインセンティブとなっているわけです。3級者以上になれば、月に1~3回、等級によって菓子も購入でき、受刑者たちにとっては小さくない恩典になっています。

おまけに無事故で2級以上が、この時の仮釈放資格の基礎にもなっていたのでした。仮釈放は早く「シャバ(社会)に出られる受刑者最大のインセンティブ、馬の鼻先にニンジンです。それで少なくない受刑者は、しっかり猫を被《かぶ》って「良い人」を装い、職員も「おまえの腹の内は知ってるけど、ま、いいだろ」となります。

私の父は、毎月面会にやって来ます。社会の常識から逸脱した野蛮人、フン族のアッチラ大王のような人ですが、バカ息子への情愛は半端ではありません。

〝常温核融合〟のような巨大なエネルギーを持つ人で、古稀を過ぎていましたが、面会に立会《りっかい》する職員が総じて、「元気な人だ」「エネルギッシュだ」「若い」と感嘆する人でした。

その父が私の痩せ方を見て、ガンじゃないのかと言うので、ここのメシは日本最低なのだ、と告げた瞬間、臨界を超えて核爆発を起こしたのです。

阿修羅《あしゅら》のような形相で、私の後ろの机で話の内容を記録していた立会職員に向かって「きさまーっ!俺の息子に飯《めし》喰わせてんのかーっ!」と吼《ほ》えたのです。

静謐《せいひつ》の中での突然の怒鳴り声に、温厚な職員もびっくりして、「お父さん、ちゃんと法律に従って食べさせています」と答えました。父は、「じゃ、なんでこんなに痩せるんだっ!ちゃんと喰わせろっ!」と尚も怒り狂っていたのです。

父は昔から私のことになると、いささかも躊躇せず狂人のように怒ります。私に対しても同じで、私が父の逆鱗に触れると、一般家庭では考えられないほどの「外的刺激」があり、肋骨が折れる、数日這うことになる、顎が開かず流動食となる、のがお約束ごとでした。

世間では、これを「ヤキ」と呼んでいるようですが、私にとっては鍛錬・修行でしかなく、めげることはありません。父も、めげるような息子は望んでいないので、私は懲りもせず、自ら父の逆鱗を引っ張ることを「肝試し」にして育ったわけです。

その場はなんとか父を宥め、面会後は立会の職員に「うちのオヤジがすみません」と平謝りでした。幸い、当所の職員はいい人が大半なので、「オヤジさん、いつも元気だよなあ。俺も30年、この仕事をしてるけど、あんなこと初めてだ」と笑ってくれました。

こんなことがあって、これではいかん！と一念発起、食べ物の好き嫌いを減らしていくことを決意し、私の好き嫌いのために、いい思いをしていた同じ部屋の同囚らにも、「今日から嫌いな物も食べる練習をする！」と宣言をしたのです。

## 菜食の功名《こうみょう》!?

当所は、再三、叙述してきたように煮物、炒め物、蒸し物と野菜がメインというよりほぼ全てです。社会ではベジタリアンとも呼んでいる、あれです。それまでも以前の食生活は肉プラス甘い物が中心でした。

甘い物、スイーツに関しては父が、「おまえはクマかアリの遺伝子でも入っているのか!?」というほどの異常な甘党で、ホールケーキなら30センチの物をあっさり片付け、ミスタードーナツなら一度に十数個は楽勝というレベルで、甘い物を欠かす日はありませんでした。

学生時代、友人らと私がチョコレートパフェ7個を20分以内に完食できるか?を賭けてみんなを一蹴したこと以外にも、妻がケーキを作る時は息子とホイップクリームを作る係で、作る途中に3箱、4箱とホイップクリームを食べてしまうので、就学前の息子が、「パパを見てたら、ボク、胸やけしてきた」と言ったことも、なつかしい思い出です。

私は、こんなに小さいのに胸やけなんて単語を知っているのか、と妙に感心しながらホイップクリームを舐《な》めていたものです。

医者から、あと3年の命と宣言された時の私は、高脂血症、中性脂肪値の異常、高コレステロール症、狭心症という診断でした。

結婚後、妻が少しは野菜を、というので代わりに野菜ジュース、トマトジュースを飲むようにはしていましたが、近年の研究報告によれば、野菜ジュースは、期待されたほどの効果はないそうです。他では子どもの頃からの筋トレフリークだったので、プロテインパウダーをよく摂っていました。

肉料理には付け合わせの野菜、ガロニが付きものですが、これも食べたことはなく、豚カツのキャベツも食べませんでした。そんな私が、野菜を食うぞ!となったのです。

## 野菜はサプリだ!?

では、どうやって野菜を食べるか？ですが、私は論理的《ロジカル》に考える性質《たち》ですから、それぞれの野菜が持つ栄養素・効能を知って、それを薬かサプリのように摂るようにすればいい、と考えました。

それでも、一度に全部が食べられるようになったわけではありません。難敵の玉ネギ、ネギは調理方法によっては今も食べませんし、長年、傍に置いておくのも避けていた辣韮《らっきょう》も数年前、令和になってから食べられるようになり、今では好物の一つになりました。

さらには、それまで食べなかった、ひじき、きのこ類も食べられるようになったのです。きんぴらごぼうについては、「へえ、うまいもんだな」と言ったところ、同室の同囚たちが、「シャバネタなら、もっとうまいです」と教えてくれましたが、なかなかの味でした。

シャバネタとは、社会の物品、市販品ということです。刑務所では、受刑者も職員も社会のことは「シャバ」とごく自然に表現しています。社会にいる人のことを「シャバ人《じん》」、出所が近いことを「シャバ近（ちか）」とも称しています。

そのサプリ代わりの野菜を摂るようになってから3年目、とうとう常備薬のニトログリセリンと訣別することに至りました。菜食の効能は絶大でした。中学の頃から、いつも背中が痛だるかったのですが、筋トレの結果だろうと考えていたものの、血流の悪さが原因だったと知りました。

結果として、体が軽くなったように感じたのです。体重が減った軽さではなく、以前の重苦しさ、だるさが消えたということです。同じ体なのに、こんなに違うのか、と感心しました。そうして、健康の重要性を痛感した次第です。

私は若い頃から長く生きることは望んでいないどころか、ピークのうちにさっさと人生を終えたいと希求していて、今もその思いは変わりませんが、体調の良さ、健康の大切さを知りました。

その頃の当所の食事は、何と言ってもタンパク質と脂肪不足でした。脂肪は仕方ないとしても、タンパク質不足は筋肉ばかりではなく、皮膚にも負の影響を与えます。

服役時30代だった私は、20年から30年生きたとして60代、ここの食事と生活でどんな60代になるのか、と服役歴20年前後以上の60代の受刑者の体、肌を入浴時に観察しました。

当所で、10年以上も務めていれば、太っている者はいません。総じて痩身で、皮膚も張りや艶がなくなるのが普通でした。ああ、俺も将来はあの程度になるのだな、と予期しましたが、大体そのようになっています。

K子ちゃんの大方針で、他所のように剰余カロリーのない粗食は、常時、空腹感があり、胃を小さくします。ほとんどの受刑者は、夜中から早朝にかけて、空腹を覚えるようになるのです。私は30年を経た今も変わりません。

加えて、私は数年前から主食の制限をしているので、尚更のことです。加齢のせいで基礎代謝が下がってきたので、完食すれば余分な脂肪をつけることになり、限られた運動時間（現在は30分間）では、筋トレ以外のことはしたくないので、制限を実行しています。「立派な死体」になるのは無理でも、「だらしのない体」にはなりません。人それぞれの価値観がありますが、私は腹が出た体型をよしとはせず、極力、20代の頃と同じ体型を維持したいと望んでいます。

私たち受刑者の空腹感は一種の飢餓感にも通底《つうてい》するものがあります。私は数年前に収まりましたが、空腹感に鈍い痛みが伴っていました。私でさえそうなのですから、若くて体格の良い者なら尚のことです。尋ねてみると、「そうなんです。」の答えが返ってきます。

空腹だからと言って、完食する気はさらさらありません。また、空腹には効能もあります。ここ数年喧伝されるのは「食間を16時間あけると体にいい」という説もありました。

空腹は、老化防止と長寿に効果がある、サーチュインという遺伝子を活性化させるとも言われています。サーチュイン遺伝子にはＳｒ１からＳｒ７まであり、特にＳｒ２が活性化され、細胞の老化防止に作用し、長寿をもたらすとのことでした。長寿は望まないのですが、老化防止は善です。

ショウジョウバエの実験では摂取カロリーを７割に落とすと寿命が延びるという報告がありますが、消化と代謝は大きなエネルギーを使うと共に、体内で活性酸（フリーラジカル）を発生させて遺伝子を傷つけますから、粗食、低カロリーもいいでしょう、と考えています。

私は読書と勉強が趣味というより、習慣・日課になっているので、空腹の方が能率が上がるのです。作業のない土曜・日曜は一層、少食を励行しています。それが私のライフスタイルに合っているので、苦にもなりません。おかげで胃が小さくなり、以前に比べると食べられなくなりました。

## ミクロの眼！

刑務所は大半が、他者と一緒の共同室での生活です。「共同室」という呼称、以前は「雑居房（雑居）」と呼んでいました。２００６（平成18）年に明治時代から連綿《れんめん》と続いていた「旧監獄法」が改正となり、新法が施行され、従来の累進処遇制度の改革の他、名称・呼称が変更になったのです。

「独居房（独居）」は「単独室」、舎房《しゃぼう》（部屋のこと）は「居室」となりました。受刑者の管理をする「保安課」は「処遇部門」となり、幹部の役職名も改称されたのです。

何よりも大きく改善されたのは受刑者の生活面でした。以前は、自分で購入した本、社会の人から差し入れされた本も含めて、雑誌3種類を除き、月に8冊しか読めなかったのですが、制限なしとなり、ビブリオマニアの私は欣喜雀躍《きんきじゃくやく》、成層圏にまで昇るような心境でした。

そのおかげで最も多く読んだ月は２５０冊にもなり、平均すると刑務所備え付けの本（官本《かんぽん》）も含めて月に１００冊は読めるようになりました。

他に大きな変化は1類から5類制となり、受刑者が楽しみとする手紙の発信できる回数（社会からの受信回数は制限なし）と、面会の回数が増えたのです。これは大きな改革でした。

その結果、4類5類と工場に出ないで単独室で一人だけで作業をしている者でも、月に

４類は５通、５類は４通も発信できるようになっています。

従前なら月に１通のみです。面会も月に１回だけだったのが、２回に増えました。工場に出て作業をしている３類以上は菓子が購入できる他、月に５通、面会が３回、２類が月に７通、面会が５回、１類が随時となっています。

今回のように原稿を書いて本を刊行できるようになったのも、新しい法律のおかげです。本来、自由刑とは、社会から隔離して、自由を剥奪《はくだつ》する刑罰で、欧米では自由の価値・意義が尊重されているので、社会から隔離する以外は、できる限り社会と同じ生活をさせる「ノーマライゼーション」を旨としています。

それにより、社会との手紙・面会などの「交通権」は制限がゆるくなっているのです。翻《ひるがえ》って日本は「犯罪は恥」「犯罪者は社会的にスティグマ（汚名）」なので、受刑者の人権の制限が厳しく、更生に資すると言われる社会との交通権にも種々の制限があります。

そういうこともあり、刑務所の理想とされる全員が単独室での生活とはなっていません。雑居房、共同室での生活は他者と一緒です。その施設によりますが、大体は４人から７人の間となっています。

共同室での食事は、大きなバット、アルミの容器などに入った副菜を部屋の中で受刑者が平皿《ひらざら》に割り菜をすることになります。味噌汁、汁粉、豚汁など汁物は、金属製の蓋付き容器の「バッ缶《かん》」に入ったまま、部屋に入れられるのです。

部屋の中央に折りたたみ式の脚が付いた長テーブルを出し、周りに受刑者たちが座ります。テーブルの上には三つに分けた仕切り付きクリーム色のポリプロピレン製の17センチ×27センチ×高さ3センチの平皿が人数分並べられ、その週の当番になった「割り菜係」が「平等」に分けるのです。

この「平等」というのが、なかなか難題でした。全員ではありませんが、多くの受刑者は食物の量にこだわります。副菜の割り菜は大きく二つに分けられます。量で分ける物と魚、肉、ハンバーグ、コロッケ、果物など、数で分ける物です。量が同じくらいでも、入っている肉(貴重品)が多い、少ない、ニンジンが多い、少ないと、受刑者たちはミクロの眼で皿を見つめ、他の皿との差を比べているのです。

私は、自分が何者でもないと自覚しているものの、喰い物のことで、このような振る舞いを日本の男子たる者がするとは情けない、と気にしませんが、同囚たちは違います。数で分ける物は尚のこと厄介です。肉も魚も果物も工業製品ではないので、全く同じ大きさとはなりません。大小の差があり、大きいのは、誰に、小さいのは誰に、と割り菜係は一瞬で割り振るのが務めです。

大体は、部屋長（部屋のボス）に最大の物、部屋のヒエラルキーの最も下の者に最小となります。その時のみんなの息を詰めたような空気が嫌いなので、私は最小の物を、「それ、俺のとこでいいから」と言うようにしました。

カッコつける、いい子になるのではなく、大の男が、たかが喰い物の大小に息を詰める浅ましさが嫌いなのです。どっちみち口に入るのですから、大も小も大した違いはない、というのが私の思いでした。

しかし、恥を知らない同囚になると、果物を窓枠に並べて、離れた所から大小を見比べるのです。おまえは何なのだ、と呆れてしまいます。これが私の前でのことなら、当時の私は今以上に賢くなかったので、本人に恥ずかしいことをするな！と言っていました。

物がない、限られているというのは、その人間の性根《しょうね》が如実に露呈するものです。まして食物となると、余計でした。逆のケースもあります。部屋の面々が、オールヤクザの時です。それも社会でも工場でも序列がはっきり決まっていない、20代30代、40代以下の中堅以下の層となれば、その傾向に拍車がかかります。これは見ていて興味深くも、微笑ましくもある光景です。

共同室、そう、昔の雑居房のメンバーが、ほとんどヤクザになる、その序列が明確でない、となれば、「大虚勢張り大会」「痩せ我慢大会」「漢《おとこ》の道はこれだぜ！大会」となります。それは副菜を他者に回し、自分は「武士は喰わねど高揚子」を気取るのです。

チョーエキ垂涎《すいぜん》の的となれば、甘シャリと称される、パン食の時は給与される汁粉や甘く煮た煮豆がありますが、これを「あ、俺はいいわ（要《い》らん）。みんなで分けて」と、できるだけ「あっさり」「素っ気なく」言います。

ここで恩義せがましく、刑務所用語いわく、「値打ちをつける」ように言うと、「それじゃ、要らんよ」と返されることもあり、淡泊さを装うのが嗜《たしな》みです。

これで一件落着するわけではありません。外のヤクザも同じことを言うからです。「俺もいいよ」となり、こんなヤクザが3人4人と出るのに加えて、そこにカタギがいなければ、御破算で結局、全員がたべることになるのです。無期囚がいれば、こんな時は大事にされ、胸いっぱい腹いっぱいになることも珍しくありません。

「△△さん、無期で長いんだから、これどうぞ」とヤクザの一人が言うと、連鎖的に他のヤクザも右に倣《なら》えとなります。ただし、これは、まだ侠気《おとこぎ》があり、チンピラ気質ではないヤクザがいる場合のことで、大半は逆で、いくつになってもチンピラのまま、カタギから食物を強奪するケースも少なくないのが刑務所なのです。

ヤクザ同士の間での序列が明確に決まっている時は、①下の者が上に「献上」、②上の者が下の者に「下賜」となり、①か②は上の者が受け取るか、あるいは下賜するか、で決まります。器量のある者なら、下の者が献上しても、礼と共に自分の物も加えて、「ほら」と下賜してやるのでした。

世間、業界で有名な親分であっても、喰い意地の張った卑《いや》しい御仁はいるもので、寄せ場（刑務所のこと）で漢《おとこ》を売るどころか、漢を下げています。刑務所では、食物も限定されているので、余計にその人間の度量、人柄が露出し、特にヤクザは肩書きと人間性が比例しないことが少なくありません。

目先の欲得なしに鑑《かんが》みれば同じ食物の大小、多い少ないにこだわるとは、子どもと同様の所行です。大きかろうと小さかろうと、そんなことは大したことではない、損も得もないのだ、いい年をして、なぜ考えられないのか、と不思議ですが、我々、受刑者というのは、絶えず、己利の得、欲望しか考えず、執着する種族なのです。

だからこそ、目先の一時の欲求、欲望のために法を犯し、その後の長い服役に甘んじてしまいます。それを自制できない限りは、出所しても何度でも、塀の中に戻る人生しかありません。

共同室では、前述の通り、副菜のやり取りがありますが、これは塀の中では許されない反則行為です。本人が希望したとしても、授受《じゅじゅ》は違反となり、懲罰となります。『受刑者遵守《じゅんしゅ》事項』の第18条「物品不正授受」という罪名で、「許可なく他人と物品を授受し、又は授受することを企《くわだ》ててはならない」に反する行為です。

刑務所には社会の人からすれば、「なんでこんな規則があるの?」という「決まり」が多くありますが、それは受刑者が常識や道徳に反することを、いろいろとやらかすので、その対策のためです。

この規則がなければ、弱者が強者に食物を強奪され、職員が注意をすれば、「いや、△△さんがくれたんです」と平然と言い、相手も恐怖のため「そうです」としか答えないのが刑務所なのです。

第28条には「不正配食等《とう》」という項目があり、「不公平に分配し、不正に配食、又は喫食し、又はこれらのことを企ててはならない」となっています。

この規則は主に受刑者たちに食事を配る配食夫・衛生夫が対象で、彼らが自分あるいは親しい者、ヤクザの親分・実力者に多めに配食してはならないという戒《いまし》めです。しかし、実際にはそれが行われてきましたし、ない方が稀少というのが現実になっています。

この他に配られた食物を勝手に保管、所持することも重大な反則行為です。第17条の「物品不正製作等《とう》」では「許可なく物品を製作し、加工し、所持し、隠匿《いんとく》し、若《も》しくは投棄し、又はこれらの行為を企ててはならない」とあります。

また、食べきれず満腹になって残した食物を取っておくことは厳禁です。特に主食の麦メシを握りメシにして取っておくバカたれがいますが、昔はこれを「逃走準備罪」にも該当するとされたほどの重罪でした。

また、この罪名で懲罰になると、受刑者間でも笑いものになります。受刑者の卑しさ、浅ましさが表れている反則です。

他にも食中毒防止の意味もあり、隠しておいたのを忘れて数日が経ち、発覚した際には腐敗していたり、カビが生えていたり、というケースもありました。

服役後、受刑者として、同囚と共に生活してみて驚いたことは多々ありますが、食物にいちいち文句をつけても食べるという「下衆《げす》の誇《そし》り喰《ぐ》い」もその一つです。

私は小さい頃から父に「文句を言うなら喰うな」と育てられたこともあり、不平不満となれば口にしないことをルールにしてきました。しかし、実際には刑務所では出された食物について文句ばかり言いながら、それを食べる、ということには違和感を覚えました。

その頃の食事は本当にひどい内容でしたが、私は自分の方から話題にすることはなく、胸奥でも「この境遇になったのは自業自得なのだから、こんなものでいいのだ」と自分に言い聞かせていたのです。文句、不平を口にして不快になるのは、第一に自分です。なにも自分で自分を不快にすることもあるまい、という思いでした。

また、私は自分の努力で変えられることは努力しますが、そうでないことは考えたり、望んだりしないようにしています。

これは、物事に対して、「こうでなければならない」「こうあるべきだ」という観念が強く、動《やや》もすれば硬直的になり易い自分への救済措置でもあり、己にて解決できないことへの不満を蓄《た》めないための策でもありました。

# 第2章

## K子ちゃんに愛を！プロジェクト

当初の食事の惨状の元凶はK子ちゃんですが、彼女は受刑者たちの怨嗟《えんさ》の的《まと》でした。「喰い物の恨みは恐ろしい」とよく言いますが、彼女への恨みは「修羅《しゅら》の妄執《もうしゅう》」のごときもので、誰もが彼女の異動、退職を「祈願・祈禱《きとう》」していました。

中には、かなりの数の者が、「K子ちゃんは愛を知らんのだ。だから、あんな酒の肴《さかな》みたいなおかずしか出せないのだ。もし、結婚して亭主でも持てば、それなりにまともなメシを作れるようになるだろう」と主張するようにまでなっていたのです。

この説に、「その通りだ！K子ちゃんは愛を知らない！」と同調する者の割合は9割を超えていたでしょう。『K子ちゃん、愛を知らない不毛説』の登場でした。

他には、「K子ちゃん、永遠の処女説」「K子ちゃん、守銭奴説」など諸説ありますが、「K子ちゃんは、とっくに女を捨てているのだ！」という見方が「通奏低音」として流れています。

そこで受刑者たちは、対策としての攻略法を編み出したのです。名付けて『K子ちゃんに愛を！プロジェクト』です。

方法は原始的（プリミティブ）かつ現実的（リアリスティック）?でした。「出所した奴がK子ちゃんをコマせば万事解決だ！性の虜《とりこ》にしてしまえ。愛とは、人を愛するとは何か、を教え導くのだ。なんと崇高な理念だ、行為だ。K子ちゃんを不毛の日々から救うのだ」「性の虜というなら、それは愛欲に目覚めさせるってことだろ、愛ではなく」「そんなことは、この際、どうでもいい。要はK子ちゃんに愛を教えて、愛情の込もったメシを作らせることだ」「で、誰がK子ちゃんに愛を教えるんだ？」と、ここで討議は、ぴたっと凍結してしまいました。

「それはこれからシャバに出る奴の任務だろ。一番早く出る奴はだれだ？」一同は口々に、あと16年、あと12年、俺はすぐだ6年などと言いますが、ではK子ちゃんをコマす、もとい、愛で包んであげるとなると、途端に遠慮し合ってしまうのでした。

K子ちゃんをライブで見たというチョーエキの情報によれば、K子ちゃんの容姿は相当に劣化が激しく、女としての賞味期限は、はるか昔にとっくに切れている、廃棄処分の期限すら切れているだろうとの報告でした。

化粧っ気はなく、髪もばさばさの干し草のようで、服はファッションなどと呼べる代物ではなく、容貌《ようぼう》は妖怪といっても過言ではない！と、およそ当人には聞かせられない月旦《げったん》、論評のごときものでした。

尚、捕促しておきますと、LB級刑務所内において、生《なま》の、生きて動く女性が見られる場と機会は稀少中の稀少で、何十年も務めていながら、慰問演芸（何年かに一度、来てくれる）でしか見たことがない、というのが標準です。

仮に日頃の行ないが良く⁉天の配剤で、連行中の廊下、あるいは医務棟《いむとう》（社会の病棟にあたる）などで見ることができれば、これはかなりの幸運、僥倖《ぎょうこう》になります。不肖は、善行の余慶《よけい》なのか、約30年あまりの服役中にこの幸運が10回弱あり、女子刑務官の他に、若い女子の被告人（拘置所も兼ねているので）、熟女？…を生で見ました。

しかし、受刑者というのは平生からテレビ、雑誌にて、芸能人・グラビアアイドル・女優などしか見ていないので目が肥えていて、一般女性は、水準を超えた人でなければ女性には見えないのが難点です。

加えて、男ばかりの世界で生きているので、リアルな女性が、非常に小さく見えてしまいます。これは一年に一回、社会に「集団散歩」という見学に行ける、超模範囚（一類の者。100人に1人の比率）も並《な》べて、そう語っていました。

話は戻りますが、既に受刑者たちの間では、K子ちゃんの人間性・内面については「性格が悪い」「根性が曲がっている」「意地悪だ」「執念深い」などの冷評が並び、それらが定説化しています。

受刑者の大半にとっては、女性につき、性格・人柄なんかどうでもいい、カネを持ってるか、稼げるか、すぐに「合体」させてくれるかどうかが大事であり、それプラス外見がいい、容姿が良ければ、「一粒で二度おいしい」グリコのおまけのようなものなのです。

性格が悪いところに持ってきて、外見は、さらに悪いとなると、性欲、リビドーの塊の多い受刑者といえども二の足を踏むのは宜《むべ》なる哉《かな》でした。そこを、なんとかせい、とはなかなか言えません。

ネズミたちが、みんなでネコの首に鈴を付ければいい！と衆議一致したものの、では誰が付けに行くかという段になって、誰もいないという寓話《ぐうわ》がありますが、それと構造は同じでした。

受刑者にはヤクザ、カタギを問わず、自身の「分身」に特殊加工を施し、カスタマイズしているものが多く、女性を歓《よろこ》ばすと豪語する性鋭、いえ精鋭がいますが、これでは自称超絶技巧とやらも披露できません。

自ら、全体の幸福のために己を捨てて奉公する者はいないのか、忘己利他《もうこりた》の精神はないのか、と説いたいところですが、そんな立派な心がけの者はいませんでした。こうして、『K子ちゃんに愛を！プロジェクト』は頓挫し、一同の不純な非望は一場の夢語りと終わったのです。

ちくしょう！ならば定年退職まで待つか、誰かがK子ちゃんを「始末」するしかねえな」こんな話も出ましたが、さすがにこれだけで「始末」するという山を踏む奇特なバカはおらず、定年退職を待つしかなし、と相成ったのでした。

K子ちゃん、受刑者たちの情報によれば40代半ばから後半とのことで、公務員の定年の60歳まで、十数年がありました。いくら、十数年なんて、あっという間と嘯《うそぶ》く受刑者たちでも、この件は長く感じています。おまけに再雇用となればプラス5年です。

私のようなリアリストは、端《はな》からそんなものと諦観していますが、そうであっても、いやはやです。いやいや、全ては確信犯の私ですから、身から出た錆、往生せよの境地でした。

## 拝顔の栄に浴する!?

工場に配属されて数年後、私は論理的思考と言動、それに彼らより、いくらかましな人柄？で、栄《は》えある「レクリエーション委員」（定員一名）になりました。自薦はないので、同囚らの力強い!?プッシュの結果でした。レク委員の任務の一つに『給食委員会』への出席があります。これは、毎月1回、各工場のレク委員と、三名の幹部職員とK子ちゃんが一同に会し、食事への要望や改善点を討議する場でした。

私がレク委員に推された理由には、彼なら弁が立つから、なんとか自分たちの要望を通してくれるのでは?という思惑があったからです。不肖、私も当初、そのような志を抱いていました。「せめて肉の回数を、もう少し増やして下さい」「トンカツを一年1回ではなく、もっと出して下さい。しかも厚さ3ミリではなく5ミリくらいは」「甘シャリ（汁粉）の量をあと少し」「カレーライスの回数をなんとか増やせませんか」

「甘シャリ（汁粉）の量をあと少し」「カレーライスの回数をなんとか増やせませんか」

「生卵を出して欲しいです」「酢豚、ひど過ぎるので、なんとかなりませんか」

「チャーハンとか混ぜメシ、もっとバラエティがあればいいですけど」「全般的に味、なんとかならんですか」

「味噌汁の具、入っていません」「キノコばっかり出さんで欲しいです」

「魚、あんなどうしようもない物を、しかも焼くしか能がない、ひど過ぎます」

まだまだ、山ほどありますが、どれも受刑者にしては法外な要求ではなく、まずまず妥当な線です。

そうして私にとって初めての委員会の日がやって来ました。大学ノートとボールペンを抱え、連行の職員に引率され、午前中の作業中に会場に向かいます。

工場を出る際、同囚たちの熱い視線が次々と「頑張って下さい！」と言わんばかりに飛んで来ました。さながら出征していく兵士のようで、規律が許せば、みんなで小旗を手に「バンザーイ！」の唱和が起こるような雰囲気です。

会場は20畳ばかりの広さで、正方形型に4台の長机が配置され、正面の壁を背に3名のお偉いさんが座り、受刑者たちは職員を横と対面から見るように座り、K子ちゃんは私たちと反対側に職員を横から見るように1人で座っていました。

私は端っこにいたので、K子ちゃんとは真正面同士に向かい合っています。彼我《ひが》の距離は約2メートル半、机の下にはK子ちゃんの御御足《おみあし》が見えていました。

不肖私は、何の自慢、取り柄、特技にもなりませんが、女性に関してはかなりの、「脚フェチ」「尻フェチ」なのです。その「鑑識眼」は、いかなる状況下においても情動に流されることはなく、冷徹、正確無比、フェアでした。

3名の偉いさんは制服姿、K子ちゃんは私服姿です。お偉いさんは階級ではK子ちゃんより数段、上の人たちです。当時の呼称では、管理部長（所長の次）、保安課長（管理部長の次）、区長《くちょう》（全工場を束ねる幹部）で、K子ちゃんは、彼らのずっと下になります。

なのに、お偉いさんたちは、姿勢を正して座り、K子ちゃんは椅子の背にもたれ、なんと足を組んでいるのに加え、腕組までして、斜《しゃ》に構えていたのです。

私は、なんたる態度の悪さ、行儀の悪さか、と唖然《あぜん》としました。お偉いさんたちは、それについては一様に我関せずの態度でした。普通、上司の前でこんな姿勢はしないだろうと、私は眺めていました。

これはK子ちゃんが女性だから許される逆差別でしかありません。男であったならば、こんな姿勢、態度はないはずだ、と私はK子ちゃんの傲慢さをはっきりと見て取りました。それでも、鑑識眼、評価においてフェアな私は、K子ちゃんの容姿、容貌については正当な評価をしています。

私は社会でのライフスタイルもあり、女性のメイクのビフォー・アフターの容貌を解析する眼は決して低くはないと自負してきましたが、K子ちゃんについても正しい見方をしました。

化粧っ気なく、肌は疲れとくすみと皺が目立ち、髪もバサバサ、オシャレ心ゼロでしたが、顔立ちそのものは、「ブス」ではありません。眼はパッチリ二重で、きちんとメイクすれば十人並以上にはなります。

足を組んでいるので、ふくらはぎの太さが目立つ上に、厚手のグレーのタイツはいただけませんでした。やはり、ここは黒のストッキングです。

上はプレーンなブラウスに、おばさんの〝ごとき〟グレーのカーディガン、これもNGですが、本人は女でいよう！オシャレしよう！という意識がゼロでした。

身形《みなり》にはカネも手間もかけない、気にしない、という空気を、しっかり醸《かも》し出しています。K子ちゃんは貧しくもなく、マンションのオーナーの独身貴族であっても、ランジェリーなんかには間違っても投資せず、3枚1000円のパンツを、けちではなく合理性から選び、ブラとのお揃いにするということも、毫も考えていない人だなと確信しました。

その合理性、在り方は、ある種、潔《いさぎよ》ささえ感じます。

で、問題は給食委員会です！

各工場のレク委員から、それなりの要望が出されます。受刑者なんて、大体、みんな同じことを考えているので、その希望は前出の通りです。

それに対するK子ちゃんの反応はお見事！の一語に尽きました。相変わらず、腕と足を組み、椅子の背に斜めに寄りかかったまま、回答というより、「快刀乱麻《かいとうらんま》を断つ」というごとく、バッサバッサと斬り捨てていくのです。

「肉の回数を増やして下さい」「カレーライス、他所みたく、毎週月曜に出してくれませんか」受刑者たちが、各工場からの声を発表します。それに対してK子ちゃん、不動の態勢で応じます。

「あのね、ちゃんとカロリーを考えてやってるの。現状通りだから！」「カレー？現状通り！はい、次の人」受刑者たちが「当初の汁粉、あまりにも量が少ないので、少し増やしてくれませんか」と、遠慮気味に要望します。

K子ちゃんは、ちっ、またか！と言わんばかりにうんざりした表情で「あのね、カロリーを計算して、あの量なの！増やしません！」と木で鼻を括《くく》ったような返答です。当所の汁粉は他所の3分の1程でコップ1杯強と、これは有り得ないレベルでした。

ここで、それまで黙って話の成り行きを見ていたお偉いさんが口を開きました。「汁粉の量は、たしかに少な過ぎるように思うのだが、これはなんとかならんのだろうか」

思わず私は「おおっ、さすが管理部長、グッジョブ！ナイスフォロー、伊達《だて》に金線《きんせん》巻いてんじゃないな」と心の中で拍手、大喝采で、同囚らを見ても、みな「やったぜいっ！」と表情を大きく綻《ほころ》ばせていました。

金線を巻く、とは、偉くなるとパイロットや船長みたいに制服の袖口に金色のモールが巻かれ、その一つ上になると今度は制帽にも金モールが巻かれることから、お偉いさんのことを「金線」と受刑者たちは称しているからでした。

どうだ、K子ちゃん、管理部長が言ってるんだぞ、さすがにノーとは言えんだろう、という一同の思いが、場の空気を熱くしていました。私も内心で、やった！これは増やすしかないだろ、と眺めていたのです。

さて、K子ちゃん、どうする？という衆目の中、「いいえ。カロリーを考えてのことなので増やせません！」と憮然《ぶぜん》としていたのです。憮然というのがK子ちゃんの「絶対に改善なんかするもんか、ふん！」の心を表明していました。

「いや、それはよくわかっているんだが汁粉は特別だろう。そこをなんとかできないもんだろうか」管理部長は尚も喰い下がります。「よしっ！いいぞ、頑張って！」の受刑者たちの心の内なる声が聞こえてきそうな頑張りでした。普通なら、ここで、たとえノーでも、いくぶんかは上司に対して思案する「振り」が入るところです。

「いいえ、無理ですね！」K子ちゃん、今度はさっきより不機嫌な顔で取り付く島もなく却下しました。管理部長は、不満を隠すことのない表情で、そうか、と矛を収め、私たちは胸奥で、ふーっ、と長い溜息をついた次第です。

私は一連のやり取りを目の当たりにして、K子ちゃんは受刑者を嫌いというより、はるかに憎悪しているのだと知りました。単に不快、嫌いのレベルではなく、規則の中で最低の食事を供与することに情熱、生涯をかけているのだ、と偏見ではなく確信するようになったのです。

そこまで追い込んだ受刑者たちの身勝手さ、配慮のなさを再確認しつつも、K子ちゃんの基本となる性格も相当悪いと結論づけました。人には時が過ぎたならば水に流すという寛容、寛恕《かんじょ》の心が必要ですが、K子ちゃんは持ち合わせていないようでした。

結局、給食委員会は、なんら改善がないとして数カ月後、休会となりましたが、当然の帰結です。それにしても「喰い物の恨みは恐ろしい」ことを実感しました。

K子ちゃんにすれば、初めのうちは自身の知識・スキルを総動員して作ったであろう食事を、ことごとく非難され、ショック、失意ののち怒りから憎悪へと変わっていったのかもしれません。

自らも受刑者ながら、塀の中の住人らの人非人ぶり、エゴの塊ぶりには嫌悪感もありますから、K子ちゃんの思いもわかる気がします。そうであっても、他者の批判にフォーカスするのではなく、己の職務、プロフェッショナリズムにフォーカスし、せめて平均並みの内容にして欲しかったです。

他人事ながら、K子ちゃん、本当に愛を知らないのかと考えてしまいます。だとしたら、気の毒だなと。彼女は、きちんとメイクして、そこそこのオシャレをすれば、男性から声も掛かるでしょうし、恋愛も当人が望むなら、いくらでも可能ですから。

「勝って来るぞ、と勇ましく」、出征兵士さながらに出陣した私ですが、竹槍でF－35に立ち向かうごとく鎧袖一触《がいしゅういっしょく》でした。私は割り切りが、とんでもなく早いので、以後一切の食事への希望、期待は懐かず、ただの栄養補給と考えるようにして暮らすことにしたのです。

## 未知との遭遇

塀の中の住人ともなると、社会で生活していた時からは想像もできない事象があります。食事の際の副食もその一つですが、「はて、これは何？どうやって食べるの？」の連続でした。

その度に単独室で一人だけの時は首を捻《ひね》るばかりで、配食を担当している経理係や、掃《そう》夫《ふ》係の人に尋ねますが、「へえ、そんな食べ方がアリなのか」となります。

たとえば、きな粉が朝食に出た時には、「なんだ、これは？」となりました。私の中でのきな粉は、あくまで餅のためでしかありません。これ、どうやって喰うんだ？　まさかメシにかけるんじゃないよな、でした。

早速、経理係に尋ねてみたところ、「メシにかけます」と、あっさり言われました。「えっ⁉」という私に、「どこの施設でも出ますよ。中には味噌汁や、お茶に入れる人もいますし」と言うのです。私は超の付く甘党ですが、ごはんに甘い物を副菜にするという感覚、なかなか納得できず、30年以上経った今でも？　です。似たような物に、「桜でんぶ」「佃煮《つくだに》」「とろろ昆布」「大豆蛋白生姜煮《たんぱくしょうがに》」があります。

桜でんぶは、ちらし寿司、酢メシとのマッチングがいいのであって、普通のごはんとは合わないという見解です。佃煮は、各種給与されますが、これも、甘いのにごはんとは、です。

甘党の私ではあっても、主食とおやつとの「けじめ」は厳格？　なのでした。「とろろ昆布」「大豆蛋白生姜煮」も、ごはんに合わず、後者は酒の肴かいな、です。

とろろ昆布は、主に味噌汁に入れますが、これなら納得できます。塀の中の朝食の副菜は、味噌汁の他に3品が相場ですが、私の所は2品でした。どんな物があるのでしょうか。

以下、その組み合わせを列挙しておきます。

「鮭のフレークとたいみそパック」「大豆そぼろひじき煮となめたけ」「納豆と味付のり」

「かつおフレーク缶とふりかけ」「サバ味噌缶と卵風味ソース」「桜でんぶとキムチ」

「とろろ昆布と佃煮」「さんま缶と沢庵」「目玉焼きとなめたけ」

「きな粉とつぼ漬け」「こうなごの佃煮と明太《めんたい》風味ソース」

「野沢菜漬けと梅風味ソース」などですが、ふりかけと○○風ソースが活躍します。この○○風ソース、甘いので私は好きではありません。


5月からは、なんと「天かす」がニューフェイスとして加わりました。なかなかの取り合わせでした。

副菜が今ひとつの時は麦メシに味噌汁をかけて食べます。作業のない免業《めんぎょう》日（休日）なら、朝は少しだけ食べて終わりにすることもあります。

味噌汁の容器を汁食器《しるしょっき》と呼びますが、すり切りまで入れると約800cc入る大きさです。これに7分目というのが配食の基準になっています。刑務所では、「おかわり」は、できませんが、味噌汁に関しては不足はありません。具については、以下の物となっています。


「小松菜《こまつな》と油揚げ」「玉ネギとわかめ」「豆腐とネギ」

「大根と油揚げ」「絹さやと卵」「白菜とえのき」「ごぼうとネギ」

「ほうれん草と卵」「しめじとネギ」「いんげんとごぼう」「キャベツと卵」「ほうれん草とオクラ」「白菜となめこ」「豆腐となめこ」「チンゲン菜とニンジン」などです。

以前は、カボチャ、じゃがいももありましたが、溶けてなくなる、具が入っていないとクレームが多くてなくなりました。

味噌汁は、大きなバケツ型のアルミの「バツ缶」から1人ずつ、お玉で入れて出すので、配食係の腹ひとつで、具の量が大きく変わります。嫌われている者、仲の悪い者には、どうしても具は少なくなるのが「お約束」です。

こうしたことを、「顔づけ」と称しています。「俺は、づけがある」「づけないからな」と使います。味噌汁の具については、少なくない施設で、「あまり入ってないっす」ですが、当所、「今では」、「ここ、いっぱい入ってますね」です。

ただし、他所から来た者は、全員が「味噌汁、味薄いっす」と合唱していますが。何十年もいると、すっかり慣れて、これが普通の味となります。ごく稀に非常食の市販の味噌汁を飲むと「シャバネタ（社会の市販品）は、味が濃い、しょっぱい」となるわけです。

## 創作料理か!?

私が共同室で生活するようになってから、カルチャーショックは数々ありますが、受刑者たちが食べる時の創意工夫?もその一つでした。茹《ゆ》で卵が出れば、殻を剥いで、卵を細かく潰し、麦メシと和《あ》えて食べます。

私からすれば、なんとも手のかかるムダにしか映りません。味付きのりでは、袋ごと、ぐちゃぐちゃにしてから麦メシにかけます。

キムチは味噌汁に入れて、チゲだとか言って喜んでいますし、桜でんぶ、きな粉は、味噌汁にも入れてしまうのです。そうかと思えば、副菜同士を混ぜ合わせて、勝手に△△風と命名します。

まああならいいのですが、「うっ、まずい、なんだ、これ」も少なくないのが笑えます。以前、テレビで「なぜ、コックは男がいいのか」というテーマの番組を見ましたが、男は創意工夫する本能があるから、ということでした。

本当かな?と思いましたが、同囚たちを見ていると、強《あなが》ち牽強付会《けんきょうふかい》とは言えないと感じたものです。一例として、こんなのを紹介していました。

冷や奴、湯豆腐と、共に豆腐を半個か一個を皿にのせ、その上部にくぼみを付けて、そこに薬味、長ネギを置きます。すると、男はくぼみを壊さないように四隅から食べますが、女はお構いなしに食べる、となっていました。

残念ながら、塀の中の私は女性については実施検分できませんが、実際のところはどうなのでしょうか。近年、調理士の世界でも女性の台頭が目覚ましいとのことなので、この説が通じるのかはわかりません。ちなみに私は、やはり四隅から食べる方でしたが。

創意工夫するとなれば、その筆頭は、月に6回のパン食の時です。施設によっては土曜、日曜の昼、という所もありますが、私の施設は毎週金曜日と、月に2回程度の火曜日の夕食がパン食となっています。

その施設において、パンを焼ける設備のある所は、月に6回ではなく、それ以上でもよい、と法律で定められています。有名なのは日本一大きい施設の府中刑務所で、ここのパンには、さまざまなバリエーションがあって、人気があります。

私の所は通常のコッペパンのみで、作業に合わせてA食からC食と、3つの大きさに分かれています。受刑者たちは、パンが大好きです。嫌いという者は滅多にいません。

麦メシの日は、副菜が、法律で定められている1020キロカロリーに、プラス100

キロカロリーの1100キロカロリー前後ですが、パンの日はほとんどの施設で1400から1600キロカロリーとなります。しかし、当所は長期刑務所であるために、成人病予防というので献立表の記載によれば、パンの日でも概ね1300キロカロリー台に収めています。

副菜には、どんな物があるのか、その日ごとに紹介してみましょう。

「いちごジャム、あんこ、ブロッコリーサラダ、コーヒー」「チョコレートスプレッド、かぼちゃスープ、ヨーグルトサラダ、オレンジジュース」「いちごジャム、煮豆（金時豆を甘く味付けした物・大人気）、スパゲティーサラダ、りんごジュース」「ピーナツクリーム、竜田《たつた》揚げ（鶏肉）、温野菜サラダ、ホットミルク」

「チョコスプレッド、じゃがいものマヨネーズ・チーズ焼き、カリフラワーサラダ、紅茶」

「ピーナツクリーム、かぼちゃコロッケ、又はハンバーグ又はメンチカツ、野菜サラダ、コーヒー」

「いちごジャム、汁粉、野菜サラダ（又は人気のサラダ）、ぶどうジュース」「マーガリン2コ、甘団子汁（かぼちゃ）、ブロッコリーサラダ、ホットミルク」などとなっています。

ただし、当所は、ハンバーグ、メンチカツ、コロッケは、各々、年に1回くらいしか出ません。他の施設ならば、毎月出るのも普通なのですが。

　本来なら、「甘シャリの日だ！」と喜ばれる汁粉と煮豆にはマーガリン2個が〝鉄板〟なのですが、この物価高のため消えました。2022（令和4）年からの物価高にかかわらず、受刑者たちの食事は、米飯込みで一日520円と変わっていません。

　では、受刑者たちはどんな創意工夫をするのでしょうか。

　まず、創作の核となるのは、副菜とコッペパンとのコンビネーションです。このパンを、副菜と、どのように「コーディネイト」するか、そこはセンスと喰い意地の相乗によります。

　基本としては、コッペパンをどの型に割るか、です。真ん中から左右の二つに割ることを「コロネ」、上と下に割るのを形状から「フネにする」と呼んでいます。コロネは、チョココロネを想起してもらうとわかるでしょう。

　パンに塗るのは、マーガリンが最高ですが、出ない時は他のジャム類となるので、それを適宜、割ったパンの内側に塗ります。几帳面《きちょうめん》、丁寧《ていねい》な者は薄く均等に、パンの内側の白い面がしっかり隠れるように塗り広げます。

　そこに、甘く煮た煮豆や汁粉をのせ、これも均一に広げると準備完了です。下手な人は、塗り方もまばら、煮豆、汁粉もはみ出したり、流れ出したりして、「あっ！」となります。

いやいや、俺はヘルシー志向で、という者は、パンをフネに割って、下の部分に野菜サラダ、それにコロッケ、ハンバーグ、メンチカツの日は、それらをのせて、上の部分のパンで挟みます。

最強は、レタスをのせ、その上にハンバーグ、そして、パンの上の部分で挟むハンバーガーです。マーガリンが2個の時は、1個はパンに塗り、1個は汁粉、煮豆に混ぜます。

コロッケ、メンチカツ、ハンバーグは、パン食時には熱望されるメニューですが、それを熟知しているK子ちゃんは、天地が裂けようとも年に2回以上は出すことはありません。

煮豆、卵サラダ、汁粉の日には、パンをコロネにして、そこに詰めて食べるのも人気があります。他に、稀少メニューとして、ジャムの代わりに「手作りカスタードクリーム」が出る日は、余計な物をのせたり、挟んだりしないで、このクリームを万遍《まんべん》なく塗って味わうのが人気です。

と諸々説明してきた私ですが、自身はこのようなことは一切しません。さっさと食事を済ませたいのと、食物に対しての工夫、執着する精神、態度を好まないからです。

格好つけるわけでは、ありませんが、大の大人が、限られているとはいえ、食物にこだわるのは好ましい在り方ではないと考えているからでした。

単独室で生活している時は自分1人なのでいいのですが、共同室での食事は同囚たちが感心するほど、さまざまな食べ方をし、私にも「△△さん。これ、うまいですよ、やってみませんか?」と親切心でアプローチしてきます。

「いや、面倒だから」と笑いながら断ると、「じゃ、俺がやってあげます。本当にうまいですから」と今度は、みんなでプッシュしてくれますが、丁重に辞退してきました。

コミュニケーションの一つだと感謝しつつも、やはり、そのようなことはしたくないので、集団生活は面倒でもあります。こうして断るぶん、他の面では円滑なコミュニケーション、協力を心掛けています。

また、集団生活での食事は、喋りながらなので、1人の時より時間がかかり、時を惜しんで読書に勉強にと励む私にはムダが少なくありません。そのようなこともあり、職員に申し出て単独室での生活をするようにしてきました。

ある時から、決意することがあって、工場での就役を辞めて、24時間、単独室での作業・生活というようになり、そうした付き合いはなくなっています。

食事については、同囚に不平を言うことはありません。所与の環境下で最善を尽くすこと、自らの努力で変えられることには努力を尽くし、そうでないことは不平を抱かず、平然としていることをモットーにしている以上、当然です。

人は慣れることができます。だからこそ、人類は進化し、脆弱な身体にもかかわらず、この惑星の覇者になることができました。「強い者ではなく、適応した者が生き残る」という、ダーウィンの「適者生存説」は、不変のセオリーです。

# 第3章

## これがエリートの炊場《すいじょう》だ！

ところで、刑務所の食事は誰が作るのか？を知っていますか？大方の人が正式な調理士が、公務員として作っているのではないか、と考えるかもしれませんが作っているのは受刑者です。

刑務所の食事を作る所、調理室のことを、「炊場《すいじょう》」と呼び、この呼称は全国共通になっています。ただしく誰でも炊場の要員になれるわけではありません。

この部署はエリート受刑者しか配属されないからです。調理である以上、包丁をはじめ刃物も使います。情緒不安定で、すぐにカッとなって見境がつかなくなり、刃物を振り回すようでは困りものです。

そこで、受刑者の中から選抜することになります。では、どんな受刑者が選ばれるのか、この章でふれたいと思います。

まず、何といっても原則は、ヤクザではないことです。と言っても近年は往時と違って仮釈放《かりしゃくほう》目当てで、臆面もなく、「暴力団離脱願《りだつねがい》」を官（刑務所のこと）に提出する者が一般的になってきたので、官と職員の手前、形式・建前としての「ニセカタギ」が急増しています。

其の昔、今から20年から30年前までは、ヤクザが仮釈放欲しさに離脱願を提出することは、斬界では「腰抜け」「脆弱」な奴とされタブーでした。そんな若い衆は破門だと怒る親分が主流派だったのです。

　それが時代なのでしょうか、時の移ろいと共に変わり、親分自ら「寄せ場（刑務所のこと）なんかに長く居ても、しょうがないから、離脱願を出して、さっさと（仮釈放をもらって）帰って来い」となったのです。

　ヤクザといえども、早くシャバに出たい者が大半で、自分は刑期いっぱいを務めあげての満期釈放でもよかったのに、オヤジ（親分のこと）が早く帰って来いというから「仕方なく」離脱届を出したんだ、という腑抜けが増えました。

　その昔は、俺は仮釈放なんか要らねえよ、と官に満期釈放を申し出る者がいたのですが、方今《ほうこん》の世では絶滅種になっています。他方、官の方も心得たもので、ヤクザたちの腹中を知りつつも、そこは、わかったという態度で応じています。

　どちらも本音を隠しての、「大人の対応」です。離脱願を出していても、工場では現役のヤクザを名乗っているのが常道で、現役と元《もと》ヤクザでは扱いも対応も天と地の差になります。

　炊場要員の条件として、有利なのは「シャバ職《しょく》」が調理士という者です。シャバ職とは、社会での職業のことで、本職が調理士ならば、よほど奇矯《ききょう》な者以外は炊場に配属されます。

調理士以外に有利なのは、ボイラー技師の有資格者です。これも奇矯でなければ、ほぼ炊場に行けます。この他に優先的に炊場に配属される者がいます。

それは前刑《ぜんけい》でも炊場要員だった者です。前刑とは、前回の服役のことです。LB級刑務所は9割以上が再犯者（この場合の再犯者は、服役歴が2回以上のこと）なので、前刑での記録が『身分帳』に記載されていますから、官は把握できます。

『身分帳』という語の響きは、いかにも古く、明治時代から続いた『監獄法』を連想させますが、今の時代にも存続し、その受刑者を知る上での重要な記録書類です。

身分帳には、当人の罪名、生年月日、社会での状況、務め方の態度、懲罰、刑務所内での作業歴など、種々の情報が記《しる》されていて、本人が死亡するまで保存されています。服役回数、懲罰回数が重なると、分厚くなり、外見を見ただけで「おおっ、歴戦の兵《つわもの》だな！」とわかるようになっているのです。

何回服役しても仮釈放をもらう模範囚の身分帳には、当人が施設内において優良なポジションに就いていたことも記載されています。優良なポジションとは、「特役《とくえき》」全般のことです。

特役、刑務所内では甘美な響きを持つ、スペシャルな道、立場になります。具体的には、下部の方から、①一般工場（各工場のこと）の経理《けいり》係、掃夫《そうふ》係、②炊場要員、③工場にて就業していない者の棟《とう》（収容区とも称する）の経理係、掃夫係、教育係要員、計算工《こう》のことです。③は、スーパーエリートになります。

経理係、掃夫係は、前述したように職員のアシスタント、職員と受刑者の間の仲介役です。まずは、各工場で、担当職員の「覚えめでたい者」が選ばれます。

真面目で、よく働き、職員に反抗的ではなく、同囚とも仲良くできる、協調性がある、ヤクザではない、又は、ヤクザを離脱しているなどの条件によって工場の担当職員（オヤジ）が選ぶのです。

受刑者の90％は職員に対しては偽装します。粗方《あらかた》は模範囚の「振り」をしているのです。そうであっても、人間同士、職員と受刑者にも相性があって、前記の条件に加え、マッチングが良ければ、選ばれます。

形式上は担当職員が上司の幹部職員たちに、「△△を経理（又は掃夫に）お願いします」と申告し、幹部職員たちによる審査会での承認を得ることになっていますが、工場担当が推薦すれば却下されることは、「原則」としてありません。「よっしゃ！」となり通るのが、

「お約束」です。

ですが、原則と書いたのには、例外もあるということです。非常に珍しいケースですが、担当職員が推挙したにもかかわらず、幹部たちが、「あいつは、懲罰が多いだろ、話にならんぞ！」ということもあったのです。

斯《か》くいう私が栄《は》えある？　その超レアケースの先駆者となりました。服役してからの私は、模範囚どころか、その対極の受刑者でした。無期囚は仮釈放がなければ社会に出られない以上、総じて無事故を続けるために大人しく生活しています。

口論・喧嘩などの争いごとは以《も》っての外《ほか》で、受動的・迎合的に暮らすというのが、全国共通の昔からの伝統です。

1980年代までなら、無期囚は服役15年から16年で仮釈放の恩典に浴することができました。それが1990年代以降は、30年から35年もかかるようになったのです。それも超どころか、超超模範囚しか仮釈放での出所にはなりません。

そのような背景もあり、無期囚はより一層、子羊のように生活しなければシャバの光を浴びることはできなくなりました。

現在でも全国に約1800人前後の無期囚が服役していますが、毎年、仮釈放で出所できるのが「全国」で10人程度、獄死する無期囚が20人程度と、事実上の「終身刑」となっているのが現実です。

私は愚かなので、自分《おのれ》を貫くことを命や人生より優先しているがゆえに、常識のない受刑者、中でもチンピラヤクザとはぶつかりやすく、それで度々、事故、懲罰になっていました。

毎年必ず1回、多い時は年に3回も懲罰を科され、これは「おバカさん」を超越して「大バカヤロー」のレベルで、当然、官からの信用などあるはずがありません。

そうでありながら、私には、ある長所がありました。それも塀の中では超レアな長所でした。私は、「労働意欲の塊、ザ・マシン」だったのです。

その作業量は同囚の2倍どころか、4倍から6倍、ものによっては8倍強もやり、やったことのある者ほど「アンビリーバボー」な働きぶりなのです。

社会にいる時は、「24時間、働けますか！」どころではなく、「72時間、働けますよ!!」の男でした。「休む、サボる、手抜きは罪悪」と学生時代から標榜し、思ったこと、口にしたことは命に代えても実行してきた延長上のことから、こうなったのです。

すべからく、人間関係は「化学反応《ケミストリー》」です。私の作業振りが、ある工場担当職員の琴線を激しくかき鳴らしたのです。その担当、オヤジをS部長としましょう。

部長というのは刑務所の階級のことで、下から、平の「看守《かんしゅ》」、10年やると年功で「主任看守」、これは正式な階級ではなく、警察の「巡査長」と同じく10年頑張ったからね、でなります。

その上が、試験を通っての「看守部長」でした。看守部長は制服の袖口に銀モールを巻きます。さらに上となると「副看守長」で袖口にのみ金モール、その上が「看守長」で制帽にも金モールが巻かれ、大体2年毎に各刑務所を異動する、お偉いさんとなるわけです。

S部長は各工場担当の間でのボス的存在で、酒豪で熱血漢、酒を飲んでの仕事の話では、相手もぶっ飛ばす熱い人でした。

S部長は受刑者に妥協しない、バッリバリの担当さんで、受刑者の方も心得たもので従順です。

この人が働き者大好き人間だったので、素行大不良の私に目をかけてくれたのでした。そうして、この素行大不良の私を、なんと工場の経理係に大抜擢してくれたのです。

これが企業なら末席の取締役から30人抜きの社長に出世どころか、リストラ寸前の窓際族からの大出世のようなものでした。「おお、やったぜい!」です。が、人生好事魔多し、世の中はそんなに甘くありません。

この俺が経理係だってぇ！ほぉぉ、こいつはドルチェ・ヴィータ（甘い生活）だぜ、懸命に働いていれば、お天道さんは放っておかないのだ、とほくそ笑んでいたところ、あえなく審査会で「とんでもない！」と却下されたのでした。

「なあ、この俺が推薦したのに却下されるとは夢にも思わなかったぞ。驚いたなあ、全く」

S部長は他人事のように私に笑いました。この人、本当にいい人でした！工場担当の間でのボスですから、上の幹部がノーと言うことなど夢想だにしていなかったことが伝わってきます。

それでも、S部長、しっかり粘って、経理係がダメでも一段下の掃夫《そうふ》係があるさ、と私を強引に推してくれ、こちらは、なんとか承認されました。これには他の職員、同囚共に驚愕の「大事件！」というところでした。

そうしてS部長は、「半年ちゃんと、務めてくれ。そうしたら次は経理にするから」と、あと半年くらいで仮釈放になる者を経理係にし、次に私を栄光の経理係に昇進させようとしたのです。

「おぉ、こんな俺のために、そこまで配慮してくれるのか」と、論理的思考かつハートは熱いぜ！の私は感動し、「堪《た》え難きを堪え、忍び難きを忍びまくって」その計画通り、6カ月後、めでたく経理係に就任したのです。

びっくりしたのは、職員が私に接する態度がここまで違うのか！ということでした。模範囚扱いで、蕁麻疹《じんましん》が出そうなほどでした。「地位は人を作る」と言われますが、正鵠《せいこく》を射ています。私は、その立場にいる時は生来の？ジェントルマンぶりを発揮していたのです。いい時代でした。

工場の経理係、掃夫係をやっていれば、次は本人の希望もありますが、②の炊場要員、③の経理係、掃夫係への足がかりにもなります。

炊場要員については、工場の経理係、掃夫係を経なくても抜擢されることが少なくありません。受刑者が500人の刑務所であれば、炊場要員は大体30人から40人と、その所の職員の考え方と忙しさによって人員が定められています。

府中刑務所のように約3000人もの受刑者がいるなら炊場要員は70～80人以上にもなります。私の所は、小さな刑務所で総員でも210人から230人の間しかいません。そのわりに炊場要員は多く、休日確保のための交代要員も含めて18人が定員です。

休日は私たち一般受刑者と同じく月に10日前後、つまり暦の土曜、日曜プラス祝日の日数と同じになっています。それで出役《しゅつえき》（出勤のこと）する人数は12人から13人程、一般受刑者が休みの日は少なくなり、10人前後で食事を作っているのです。

通常、たくさん食べたい者は炊場への転役《てんえき》（異動のこと）を寿《ことほ》ぎますが、仕事嫌いの者ですと、「いやだなあ」となります。怠け者は務まらず、「ケツを割る」ということになるのです。

これは『受刑者遵守事項』の第34条の「作業拒否等《とう》」になります。「作業を課されている受刑者は、正当な理由がなく、指定された作業を拒否し、怠《なま》け、又は妨害してはならない」という条文によって、初回は懲罰7日間、さらに作業拒否をするようなら、次は懲罰10日、次は同15日、次は同20日と増えていきます。

その懲罰とは、どんな罰なのか？と思われた人もいるでしょうから説明しましょう。

懲罰とは、所内の『受刑者遵守事項』に違反した者に科される罰で、懲役刑とは別のものです。懲罰を受けたからといって、刑期が延びることは「有期刑」の受刑者にはありません。

無期囚の場合は、懲罰を1回科される毎に仮釈放が1年遅れるとされています。社会で懲役1年の刑を科されるのと同じということです。無期懲役刑というのは、命がけの刑なのです。

あらゆる事故・規律違反をしないで、何十年も無事故でいるのは、大半の腑抜け、腑抜けならまだしも、気合の入っている者ならば、相応の覚悟と自覚がなければできません。

と言っても務め始めてからの10年間程度の間での懲罰は大目に見てくれる、という「伝説」があります。リスキーなのは服役15年を経過してからの懲罰で、これは仮釈放に如実に響きます。

刑務所といえども性善説なのか、務め始めての10年程は、精神も目標も定まらず、務め方も上手ではないだろう、反省も深まらないであろうから、言動も平穏とはならないであろう、という親心?仏心《ほとけごころ》からです。

しかし、服役15年を経てからの懲罰については、「おまえは、いったい何を考えとるのだ!反省していないのか!」となって仏様から閻魔《えんま》様状態になり、仮釈放は大きく遠退《とおの》いてしまうのです。

無期囚の中には無事故を30年近く続けたのに、つい魔が差して事故・懲罰となり、「九《きゅう》仞《じん》の功《こう》を一簣《いっき》に虧《か》く」という残念な者もいます。それだけの罪を犯してきた者ながら、惜しいことです。

懲罰には軽いものから、次のようになります。
㋐戒告《かいこく》
㋑禁錮《きんこ》受刑者又は拘留受刑者の作業の10日以内の停止
㋒自弁《じべん》物品（眼鏡その他の補正器具を除く）の使用又は摂取の一部又は全部の15日以内の停止
㋓書籍等《とう》の閲覧《えつらん》の一部又は全部の30日以内の停止
㋔作業報奨金《ほうしょうきん》計算額の3分の1以内の削減
㋕30日以内（特に情状が重い場合には60日以内）の閉居《へいきょ》

があります。懲役刑受刑者に関係あるのは㋐㋒㋓㋔㋕です。

㋐の戒告は幹部職員の名において、訓戒を与えることです。㋒は滅多にありません。㋔は、受刑者が働いて得た「作業報奨金」を削るぞ、という罰です。

作業報奨金は、賃金に該当するもので、就業期間によって「見習い工《こう》」から最高の「1等工《とうこう》」までに合わせて、時給約7円から最高の約56円まで定められています。

最高の1等工ですと、作業時間にもよりますが、大体、月に約7000円前後です。ちなみに私は工場に出ていないので、何十年頑張っても4等工にしかなれず、作業報奨金は月に約3800円から4000円です。

作業は内容によっては、あるいは特役の受刑者には、基本給の他に職員の裁量で割増《わりまし》が付きますが、これは1割から10割（滅多になく、現実的には7割まで）となっています。尚、工場に出ないで24時間単独室にて作業と生活をしている者には割増はありません。「ザ・マシン」の私に付いていないということは、工場に出てなければ付きません、ということです。

最も多い懲罰は㋓と㋕の併用です。閉居は「閉居罰《へいきょばつ》」と言います。閉居罰とは何ぞや？につき、お答えしましょう。一言で言うなら、何もしないで座っていることに尽きます。

私なんぞは「坐禅」だと心得ているので、不動の構えで精神修養の時に「善用」しているので、同囚のように厭《いと》う心は毫《ごう》もありません。座ること自体は大歓迎です。

受刑者の作業時間が始まる午前7時50分（休日は作業がないので午前8時40分頃から終業して、夕方の点検を受ける午後4時50分まで、ひたすら安座《あんざ》（胡坐《あぐら》か正座）を続けます。

この時、部屋には布団、洗面用具、ちり紙、耳かき、などしか所持できず、期間中はテレビ・ラジオ・新聞・書籍等の視聴・閲読は一切禁止され、新聞・書籍は交付（渡すこと）されません。

手紙の発受信《ぱつじゅしん》（出すことと受け取ること）も禁止され、社会から来ていた手紙は懲罰期間終了後に渡されます。新聞・書籍についても同じです。

夕方、その日の懲罰が終わっても筆記用具もないので、何もすることができません。布団を敷いていい時間になれば、横になるだけです。炊場要員に抜擢されても、ハードワークに耐えられず、「ケツを割れば」懲罰となり、類《るい》も降格となって、菓子の購入の禁止、面会・手紙の回収の削減などの不利益が待っています。

## 炊場の仕事とは？

「炊場要員」に選ばれると、具体的には、どんな仕事をするのか紹介しましょう。

通常の工場での就業は、午前7時45分から午後4時30分までとなっています。この中に午前と午後に各10分間の休憩時間、昼食時間、運動時間を除いて7時45分が作業時間の基本です。

炊場の場合は起床が午前4時45分、出役が午前5時になります。冬なら、まだ真っ暗です。作業終了は、夕食後の各棟から出されるどんぶり、皿を洗い終えてからで、大体午後

5時30分くらいになります。拘束時間は12時間半になります。

ただし、そのぶん時給制なので作業報奨金も多くなりますし、炊場要員には割増が多く付くので、1等工の者は月に約1万5000円前後をもらいます。塀の中では超高給取りです。

報奨金については、それまでの服役年数によって等工が決められているので、同じ炊場でも1等工もいれば5等工もいます。当所での最高の報奨金は、既に仮釈放で出所した無期囚が、前出の③の棟《とう》の経理係をしていた時の月に1万7000円でした。これは割増が8割か9割になっています。

その上となると、以前、「自分は日本一、高い報奨金をもらっていました」という受刑者がいて、月に2万円です。この受刑者は日本最大の府中刑務所の炊場の親方（班長、トップのこと）をしていたそうで、70～80人炊場要員の受刑者の長をやっていたとのことでした。

当初に移送されてきた際、幹部職員に、「炊場に行く気はあるか?」と問われ、「初めから親方でなければ行きません」と答えたと話していました。作業報奨金の時給は、大体、毎年4月に増額されます。これは法務省が決めますが、各等工につき、数円ずつ増えるのです。

それにしても安いものです。世間ではちょっと考えられませんが、最高でも時給約56円、平均すると時給約25円前後の労働力ですから。労働集約的な仕事に適していますが、社会の人のような良質な労働者は全受刑者のうちの10％もいないでしょう。

午前5時に出役すると、その日のメニューに合わせて、自分の持ち場の作業をします。麦メシを炊いた後は、Ａ食からＣ食に合わせて、どんぶりに盛りますが、以前は手で盛っていたので、量を職人のように感触でわかるくらいの熟練さを要していました。

それが近年では自動計量、自動盛りとなり、人は機械に炊き上がった麦メシを補充するだけとなっています。所の中でも便利な世の中を実感するばかりです。麦メシは米７に対して麦３の割合で、全国共通です。

参考までに記すと、主食の量は1食分Ａ食３８５グラム、Ｂ食３１２グラム、Ｃ食２８９グラムになっています。この他に身長１８０センチの者用の１８０Ａが４２３グラム、１８５センチの者用の１８５Ａが４６１グラムになっています。

その昔は身長だけではなく体重で定めていましたが、体表面積イコール基礎代謝量とするならば、身長で計算する方が理に適《かな》っています。

玄米を白米にするのは各刑務所の炊場要員の仕事です。当初では月に３回実施していますが、製擣率《せいとうりつ》は80%台前半で、他所より白くなる反面、ロスが多くなっています。

味噌汁を担当する人は、まずは煮干しで、「出《だ》し」を取ることから始まります。ネットに煮干しを入れていますが、以前は、そのまま煮干しを入れ、取り出すことなく受刑者に給与していました。

煮干しが入っていれば「ラッキー!」ということでしたが、やっぱり受刑者らしく、「俺のには入っていなかった。そんなことなら入れるな!」と幹部職員に面接して苦情を申し立てる愚か者がいたので、ネットの中に入れて、給与しないことにしたのです。

受刑者というのは、常に他者と自分を比べて、毛ほどでも自分が損をしている、誰かが得をしているとなれば、大袈裟に騒ぎ立てます。結果として自分たちの首を絞めることになっても、それでいい、というのが受刑者でした。ただし、他者に得をさせないために、自分が損をしてもいいというのは、欧米人にはない、日本人特有の傾向だそうです。

朝食の副菜は、既に出来ている缶詰め、△△風味ソース、ふりかけ、漬物、納豆が大半なので手間はかかりません。これらを一般受刑者の起床時間に合わせて各棟に、大きな鉄とアルミ製の台車で運びます。平日は午前6時40分、休日は午前8時です。

戻ると、すぐに昼食の準備にかかります。その日のメニューに即して、焼き方、揚げ方、煮方、切り方と各係がレシピに沿って作業をするのです。

野菜、肉、他、全てがメニュー、レシピによって切り方が指定されているので、初めの半年、１年は、それぞれの切り方、作り方を覚えるのに必死です。作業後に部屋に戻っても、マニュアル書と格闘の日々で、他の受刑者のような自由時間はわずかしかないのです。機械でカットする他、人が包丁で切る食物も多く、レシピによって、どのような切り方をするのか覚えなくてはなりません。

刑務所では火が使えないため、蒸気が熱源です。炊飯、煮る、焼くなど蒸気でやります。近年になり、揚げ物は全自動のフライヤーを使うようになりました。温度と時間をセットすれば、係の者はタネを油の中に入れるだけで、あとは油切りをするだけです。

以前は、焼き方、煮方、揚げ方など、担当者が決まっていましたが、10年程度前から全員がオールラウンドプレーヤーになることを目指して、全部署をローテーションしています。すると、その日のメニューに担当者の嗜好が反映されるようになりました。たとえばカレーライスのカレーは、初めのルーの炒《いた》め加減で色と辛さが決まります。辛いのが好きな者が担当すれば、その日のルーはしっかり炒められるので、色は濃く、味も辛口です。

ただ当初は平均年齢が50代と高く、無期囚に至っては、60代は若手で、70代80代も少なくないので、辛口は困るという声も聞かれます。高齢の受刑者は、その年代と共に食べ物の嗜好も変わりますし、第一に、量が食べられなくなります。

炊場要員のユニフォームは、白衣上下、白い帽子、白い長靴、白マスクです。概《おおむ》ね3、4日に一度の休みが入るシフトになっていることもあり、白衣は一人5組（上下で1組）を持っています。洗濯は毎日、平日にやり、土曜、日曜あけの月曜日は多めに出します。

炊場は他工場と異なり、きっちりとエアコンが作動していますが、やはり、夏は地獄です。長袖、帽子、マスクという重装備ゆえのことです。これは職務上、致し方ありません。

時々、受刑者に対しレシピについて、手間のかかる物は何か？と尋ねられますが、受刑者が美味《おい》しい！と感じる物全て、と答えても間違いないくらいです。それでも強《し》いて答えるなら「スコッチエッグ」でしょう。

最初に卵を固茹《かたゆ》で卵にして、殻をきれいに剝《む》かなければなりません。まだ熱い茹で卵の殻をきれいに剝くのは、数が多いことと相俟《あいま》って容易な作業ではないです。

次にハンバーグのタネで、茹で卵を形よく包《くる》みます。むろん、一つ一つ、手作業です。包み終えるとパン粉を均一にぐるりと塗《まぶ》して、やっとフライヤーに投入できます。その後は、フライヤーが自動で揚げた物を取り出して油切りをして完成です。手間がかかるので、メニューに登場するのは一年に1回か2回になります。

## 炊場要員の特典⁉

重労働の炊場要員ですが、そのぶん、一般受刑者にはない特権⁉特典⁉があります。まずは、「口福《こうふく》」の一部から紹介しましょう。

建前としては、「一般受刑者と同じ」となっていますが、主食、副菜、多く食べられます。昔といっても10年20年前では、炊場に配属されると、瞬く間に肥えたものでした。

最近は担当職員によっては、多くは食べさせないという人もいて控え目になりましたが、それでも一般受刑者と同じではありません。このことは、一般受刑者に尋ねられても、「同じです。皆さんと変わりませんよ」と答えることになっています。

通常の麦メシ、副菜はなるべく温かさを保つようにしていますが、それでも冷《さ》めてしまうことは防止できません。ですが、炊場要員は熱い物を食べられます。肉や魚など1人1品の物については、同じ1品でも大きい物を割り当てています。

検食《けんしょく》と称して、職員から許可を取って、作っている最中に食べることも可能です。２名の職員が立会していますが、受刑者は職員の目を盗むのは、「お手のもの」で、御法度《ごはっと》のつまみ喰いも可能です。ただし、見つかれば規則違反で懲罰となり、普通工場に戻されてしまいます。

見つかる者は稀で、よほど注意が足りなかったということで、自業自得です。マスクをしているので、口の中に入っていても、喋らない限り、職員はわかりません。

何でも自分の好きな副菜を多く食べられるというのは、それほど好きではない物は食べない、という偏食につながります。人によっては、その副菜1品ばかりを多く食べるということの繰り返しになってしまうのです。

麺類は月6回の「給与」になっていますが、これも汁に入っている具の量は、一般受刑者の比ではありません。この点では味噌汁も同様です。やり過ぎると、具だけで腹が膨れます。パン食時の甘シャリ（汁粉又は煮豆）も山盛りで食べられます。

汁粉については、入っている小豆《あずき》の量が違いますし、甘く煮た煮豆も一般受刑者の倍以上は食べられるのです。汁粉では、市販の白玉《しらたま》を入れる時と、自家製の水団《すいとん》を入れる時がありますが、水団の時は食べ放題に近くなります。

当所は、白玉の時は1人5個と決まっていますが、他所で内容の良い施設は大量に入れています。パンの時の甘シャリについては、当所は、まだまだ改善の余地が大です。このメニューは、昔から全国の受刑者の間で人気ナンバーワンなので、大概の所はカロリーを度外視して「張り込み」ますが、当所は「奥床《おくゆか》しい」ものでした。

メニューによって、野菜サラダ、フルーツヨーグルトを作る時は、約8ミリ角のプロセスチーズや、干しレーズンを使いますが、これも職員の目を盗んで、つまみ喰い、いわゆる「不正喫食」の対象です。

以前、私が洗濯工場にて就業していた折り、炊場から出される洗濯物の白衣のズボンのポケットから、再々、前出のチーズや干しレーズンが大量に出てきました。

本当に片手で鷲摑《わしづか》みしても余るほどの量で、こんなに喰ってるんだ、とみんなで「うまいことやってやがんなあ」と苦笑したことがありました。普通なら、担当職員に、「こんな不正をしてますよ」と言うこともあるでしょうが、これは「密告（チンコロ）」になるので、黙っていたものです。

たまたま、この時に見つけた面々は「侠気《おとこぎ》」のある連中だったので密告には至りませんでしたが、普通ならば妬《ねた》みもあって、職員に告げて懲罰を科してもらう場面です。

この時のメンバーは、「（炊場の）奴ら、つまみ喰いするけど、そんなものは役得だ。普段、早朝から一生懸命働いているし、俺たちにうまい物《もん》喰わせてやろうと頑張ってんだからいいだろ」という意見で一致したのです。これは受刑者としては珍しいことでした。

このような度量の広い意見が出た背後には、この時、私も他のメンバーもベテラン受刑者からの伝聞で、炊場の良き伝統、慣例について知っていたからです。

その良き伝統、慣例とは、日頃から砂糖、塩をはじめ調味料を「よっこ」しといて、正月食や、祝日に給与する「祝日特別菜」のために、どーんと投入し、一般受刑者たちに特別に美味なる物を供することでした。

「よっこ」とは、どこかに保管しておくということです。このようにして、かなり昔から炊場に配属された者は、自分たちの腹を満たすばかりに専念するのではなく、他の受刑者のためにも尽力することを旨とせよ、という精神を継承しているのです。

次は特典というより、特権⁉になりますが、炊場要員は、社会から来る慰問演芸の際には、他のエリート受刑者の特役の者と一緒に、ステージの最前列が、定位置になります。

何十年も女っ気《け》のない所で、むくつけき（レトリックではなく）男どもばかりで暮らしている時に、生《なま》で動く女、しかも若いとくれば（著者注，私は若い頃から一回り以上、上の世代の女性、落ち着いた女性でなければならないという嗜好のため、これには該当せず。ただし、脚フェチ、尻フェチなので、対象がそれなりならば少しは関心を持つこともなきにしもあらず）、男たちの眼はステージ上に集中します。座っている癖に後ろの者のことなど考えずに、腰を浮かす「バカ者」、「たわけ」も少なくありません。

それで、慰問に慣れた人たちが来てくれる時は、以下の要件を熟知されています。
イ．芸の内容は二の次でよし
ロ．とにかく若い子又は若く見える子
ハ．衣装は布地の面積が少ない程良く、スカートは短い程「ウケる」とこれらを熟知していて、このイロハを忠実に実践してくれるのです。
さあ、ここで「幾何学《きか》が問題になります。再三、本書中で「私は論理的《ロジカル》に考える」と述べてきました。これは見栄や虚勢ではなく真実です。ちょっと考えてみてください。

ステージの高さは床面から約120センチとします。このステージ上の最前部に膝上25センチないし30センチ強の〝マイクロミニ〟に近いスカートを身に着けた若い娘が立って、歌って踊ったとしましょう。

まさに飢えた獣《けだもの》のような男たちの視線は、ニュートンの万有引力の法則より強固にミニスカートに引き寄せられます。が、ステージから離れていれば、見えるのは、あくまでスカートの外部と、そこから伸びている脚に限定されます。

獣たちには、それでも奇貨、僥幸なのですが、このステージから、わずか1メートルも離れていない所に、パイプ椅子に座って見ている炊場要員の視線の、スカートに対する入射角度は、いかなるものか、わかりますか⁉

これは紛《まぎ》れもなく「幾何学」の課題です。砲兵将校として、この科目が「十八番《おはこ》」だった、かのナポレオンでなくても、この状況なら即座に理解できるでしょう。結論から明かすと、「見えるっ!!」です。何が？中が、です。

これ以上のことは、私の〝品位〟が邪魔をして描写できませんので、ご容赦下さい。でも、察しの鈍い方、性善説に包まれて生きてきた方のために、あと一度だけ申し上げます。「炊場要員たちには、中が見えている」のでした。

LB級刑務所に長く暮らしている身にとっては、筆舌に尽くし難い光景です。リビドーに溺れた不浄の精神であるものの、余慶とも言える至福の境地とも言えるでしょう。

こうした特権⁉があるのです。日頃のハードワークの苦労も一気に雲散霧消《うんさんむしょう》とは、このことです。そうでありながら、当所では最近、ヤクザの大物親分が送られて来ないので慰問もなくなってきました。たまにあったとしても、見たくない慰問ばかりです。レ・ミゼラブル、ああ、無情です。

炊場の特権!?としては、各工場に対しての副菜の割り菜・配分もあります。これは出来上がった副菜を各工場及び、私のような単独作業をしている者のいる棟《とう》、被告人のいる拘《こう》置《ち》棟に配分する作業です。

肉・ハンバーグ・コロッケ・メンチカツ・魚類など、1人に何個と決まっている「数者《かずもの》」であっても、大きい物、小さい物があり、自分の出身工場には大きい物を、私のいる棟や拘置棟には小さい物を、と割り振るのがセオリーになっています。

数ではなく、「量物《りょうもの》」でも然《しか》りで、規定の量は決まっているものの、職員のチェックを軽くいなして、工場によって量に差をつけます。この件は昔からある、「当たり前」のことですが、官としては認めたくなく、「そんなことはない」と公式声明を出してきました。

ですが、炊場要員の当人たちが、「ま、普通はやってますよね、そんなこと」と宣《のたま》っているのです。仄《ほの》めかすとかの曖昧さはなく、確信してはばからない点、大したものです。気持ちいいくらいでした。

私の場合は、こういうことも炊場要員である以上、必要悪だと達観しているので気になりません。誰しも自分が世話になった者がいる、仲の良い者がいる工場となれば、そうしたくなるのも宜《むべ》なる哉《かな》です。

麺類のつゆにしても同様で、つゆの量は同じでも、中身の具の量に差をつけています。私が、その昔、重労働の金属工場にて就業していた時は、つゆの中の具の多さに驚きました。聞けば、金属工場は作業がきついので、炊場に「栄転」する者が多く、自分の出身工場には主食、副菜ともに多く配分することを半ば職員もそれくらいは自然だと黙認しているとのことでした。

副菜の内容物でも、肉の含有量、汁粉の中の小豆と水団の含有量、煮豆の量なんぞ、他工場の2倍はあるというものでした。なるほど、なるほど、こうしたことが伝統、慣習なのだな、と妙に納得したものです。

お茶についても、炊場要員は、特別に味の濃いお茶を飲んでいて、これはもう慣習の一つになっています。通常の工場、棟では味も薄いお茶ですが、炊場要員のいる棟では特別のお茶となっているのです。

一般受刑者が、まともに味のついているお茶を飲めるのは、祝日に特別菜（6章）が出る時と、正月の三が日《にち》だけです。当所は他の施設のような「柳葉茶《りゅうよう》」ではなく、9年程前から、「ほうじ茶」になり、他の施設から移送されてきた受刑者には、たとえ薄くても大人気なのです。

以前の「柳葉茶」は、ほとんどお湯に近く、かろうじて色と味がついているという代物でしたから、現在の「ほうじ茶」は贅沢品でもあります。『足るを知る』の心ならば、これでもよかよか、です。

何事にしても、こんなもんだ、十分だと考えれば不満はありません。このことを愚か者の私は学びました。外の環境、現象がどうあれ、それに対する感情を決めるのは己だということです。

ところで、「柳葉茶」なんて、社会の人は知っていましたか？　私は服役して初めて知りました。ベテラン受刑者の話では、精力・性欲減退の効果があるとか言ってましたが、真偽のほどはわかりません。色も味も薄く、お湯の延長みたいなお茶でした。それなら、いっそ白湯《さゆ》の方が、はるかに健康に良いでしょう。

## これぞ、最大の楽しみ!?

炊場要員にとって、偶《たま》さかの慰問演芸の若い女の子のミニスカートの喜びの他、最大の楽しみは、「残業延長食」です。通常、延長食と呼んでいます。法律によって、受刑者には一日10時間を超えて作業をする時は、残業延長食を出さねばなりません。

炊場での作業は厳密に言えば毎日10時間を超えることになりますが、諸事情により、毎日ではなく、月に6回の延長食給与となっています。これも法律によって、1人40円と予算が決まっていました。400円ではなく40円です。

この予算内で賄《まかな》うのです。その際に給与される物は、「シャバネタ（市販品）」と自家製が3回ずつとなっています。シャバネタは40円ですから大した物は出ません。

最もましな物は『キットカット』1個で、あとは小さな袋のスナック菓子、チョコレート、あめ玉ぐらいで、これは喜ばれないどころか、なんで、こんなのが延長食なんだ!?と失望、顰蹙《ひんしゅく》の的です。

しかも、このシャバネタには余話があって、定期的に大量の新品が廃棄されます。何のためかといえば、少しでも安く買う目的で、数を増やしているとのことでした。仮に受刑者全員に配れる数があれば、何かの名目を付けて給与できるのでしょうが、刑務所は数あるお役所の中でも図抜けて「お堅い」「杓子《しゃくし》定規の権化《ごんげ》」なので、特別なことはせず、廃棄と相成るわけです。

ならば炊場要員だけのために保管して次回に加えればいいのでは?という案についても、1人40円という予算が定められているので超過するわけにはいきません、という厳密な措置でした。さっすが、刑務所です。この資本主義の世は、経済学でいうところの「規模の経済」という原理が働くので、当所のような小さい施設（受刑者の数が少ない）の購入では業者の値引きも小さなものになり、担当部署も思案に余るというわけでした。

早朝から大の大人が一生懸命働いた報償《ほうしょう》が『キットカット』（これ自体は私も大好きなスグレモノ。10年に一度くらい、正月の菓子に出る時はラッキー！）1個、あめ玉では気の毒です。が、天は働く者を見捨てません。「人間、万事塞翁《ばんじさいおう》が馬《うま》」です。

シャバネタ3回の他は、自家製が3回となっています。ここがポイントです。自家製、メゾンとは自分たちで作ることです。形式上、何を作るのか、そのレシピと共に、当該部署の「用度課《ようどか》」（所内の物品購入を担当する部署）に提出しますが、予算内であれば却下されることはありません。

1人40円といっても、原材料費となれば、ぐっと使い途が広がる、また広げるのも腕、器量です。そこで炊場の面々は、美味なる物への探求と研究に励みます。参考になるレシピ本、料理本は、現代の飽食の世を反映して、いくらでもあります。

そうして完成するのが、クリームたっぷりのロールケーキ、ドーナツ、どら焼き、マドレーヌ、蒸しパン、月餅《げっぺい》、饅頭《まんじゅう》、善哉《ぜんざい》、団子、大福、サーターアンダギー、ぼた餅《もち》、チキンナゲットなどなど、一般受刑者からすれば涎《よだれ》ものの逸品ばかりです。

そればかりではありません。その量たるや、1人当たり、大きな物相《もっそう》2個分という、椀《おう》飯《ばん》振《ぶ》る舞いなのです。「いやあ、これの日は、とてもメシなんて喰えません。延長食だけで腹いっぱいです」炊場要員は心からの笑顔でした。

こんなに良いなら、月6回全てを自家製にしてやればいいのに、と思うのですが、そこは「お役所」である刑務所だけあります。うーん、それにしても、うまそうです。延長食を前に相好《そうごう》を崩している彼らの様子が浮かんできます。

## 都落ち？炊場要員OBへの特典とは？

炊場要員は特役《とくえき》、エリートなので職員の監視の目も緩く、ドジを踏まなければ長く在任できます。胃腸を壊している、闘病中である、などという理由で「お粥《かゆ》」を食べている受刑者が知人、仲好し、であれば、職員に内緒で生卵を落としてやることも朝飯前です。

生卵、当所は食中毒防止のため、一年中給与されません。施設によっては夏以外は給与するというのが標準です。食中毒が発生すると、刑務所では厄介ですが、この件については5章で後述しましょう。

炊場要員は、無事故で務めていれば、同囚より、やや早期の仮釈放の他、より上の特役に異動となることもあります。

私のような工場に出ていない者、被告人として刑が決まって「確定囚」となった者（赤《あか》落《お》ちすると称される）、別の施設への移送を待っている者、他所から当所で服役するために移送されてきた者、反則事犯のため、取り調べ（調査という）と懲罰を目的として移された者、病気や高齢により工場での就業が困難になった者、罰金を払えなくて「労役《ろうえき》」を科された者などが居住する棟のことを「居室棟《きょしつ》」と呼んでいますがここの経理係、掃夫係になれるのです。

他では、受刑者たちの私本《しほん》を配る図書係（広い意味では教育係と称する）、受刑者たちの作業報奨金を計算する計算士、裁判中の被告人を収容している拘置棟《こうちとう》の経理係と掃夫係が超エリートの「特役《とくえき》」と呼ばれています。

特役に配属されると、職員の対応も、一般受刑者たちへの対応とは比較にならぬほど、緩く、親切親身なものになるのです。当然、仮釈放についても有利になります。

ですが、中には、いろいろな事象で反則行為をして、栄《は》えある炊場要員から落伍する者もいます。事情の第一は、つまみ喰いの発覚、「不正喫食」です。『受刑者遵守事項』第28条

「不正配食等《とう》」の、不正に喫食した、に該当し、閉居罰《へいきょ》となって、一般工場に戻されます。

大体は炊場に異動する前の工場にいて、元《もと》いた工場というので、「元工《もとこう》」に戻るのがセオリーです。私も工場にいて、共同室で生活していた時は、炊場要員から落ちた受刑者と何度か共に生活したことがあります。この「炊場OB」の威光、大した物なのです。

## 好男児、Oさん炊場へ

初めて配属された印刷工場で、労働意欲の塊だった私は、ジェット機のような速さで出世し、たった2台しかない栄光の印刷機械工に就いた時、もう1台の主《あるじ》はOさんという、地元出身のヤクザでした。年齢は私が30代、Oさんは一回り上です。

Oさんは裏表がなく、ヤクザ特有の虚勢も張らず、力いっぱいオープンマインドの楽しい御仁でした。

抗争事件で組のために16年の懲役刑を科されたOさんと私の印刷機械は工場で最大の物で、日めくりカレンダーを印刷する機械です。機械ではあるものの、他の小型の印刷機械と異なり、インク調整が難しく、職人的な眼と技量を要するものでした。

「ああ、これはヤクネタ（厄介なもの、こと）の機械だからな。短気を起こさないで、なんでもバンバン訊《き》いてくれ。慣れるまで半年一年はかかるんだ」

　Oさん、肩の力が抜けていて、初めから人柄の良さが伝わってきました。

　私とOさんとのエピソードで、最も人柄を表していると感じるエピソードがあります。ある日、私がOさんに「「孝司」と書いてるけど、これは「こうじ」、それとも「たかし」どっちなの？」と尋ねた時のことです。「おお、おお、どっちでもいい。好きな方で呼んでくれ。俺は全然気にしねえから、任す」Oさん、最高でした！

　その性分のせいで声も大きく、内緒話もできず、喋《しゃべ》るとすぐに職員に見つかって注意を受けている人でした。

　刑務所という所は作業中は、「交談《こうだん》禁止」なので、許可を受けずに勝手に喋ると、本来は即座に反則行為で懲罰となります。

『受刑者遵守事項』第43条の「不正交談等《とう》」というやつです。許可なく勝手に交談（喋ること）してはならない、ということで、他の施設ならば一発で懲罰になるのです。

　当所は職員の親切さでは、日本一とも言われている施設なので、数年前までは注意のみで終わっていました。数年前に、「とにかくチョーエキは締《し》めなくてはならん」という某幹部が異動してきて、急に厳しくなり、交談で懲罰になるようになり、私たちは、「マジかあっ!?」と仰天したくらいでした。

Oさんは注意されると全く悪びれずに、「オヤジ（担当職員のこと）、聞こえたの？あっ、そう。もっと小さい声で喋らないといかんな。よしよし」と言って、職員に苦笑いをされていました。工場の受刑者たちも、その度に笑い声をあげていたのです。

ああ、この人は寸毫《すんごう》も狡《ずる》さのない人だなあ、と私も大いなる好感を抱くようになり、毎日、並んだ機械の横で話すのが楽しみになっていました。今も、この原稿を書きながら、彼の笑顔と大きな声が鮮明に蘇《よみがえ》って笑みが浮かびます。

Oさんは仮釈放無用！と自ら「満期《まんき》釈放届」を出して、ヤクザについても離脱届なんぞ出すのは、真《ま》っ平《ぴら》御免だ、という人でした。「Oさん、満期（釈放）でいいんだ」と私が言うと、「ああ。俺みたいなパープーが、ちょっとくらい早く出たところで親分のためにできることは体かけることしかないし、他じゃなんにもできんし、仮釈《かりしゃく》（放）もらうためにネコかぶってなんてできねえよ、これでも極道のはしくれだからな」と、私と全く同じ考えで私は心の内で快哉《かいさい》を叫んだものです。

ああ、この人は今日日《きょうび》、ほとんど絶滅しつつあるサムライの魂を持った漢《おとこ》、侠客なんだと、一層好きになりました。Oさんは、そのオープンマインドと、精神の清浄さもあり、受刑者のみならず、職員から好かれていました。

「おい、O。喋るなって。交談禁止だぞ、わかってんだろ」と注意する職員に、「オヤジ、細《こま》いこと言うんじゃないって。今も気ぃ使って小声で喋ったつもりなんだから。聞こえないって思えば大丈夫だっての」と返し、「大丈夫じゃないぞ」と苦笑いさせるのが常でした。人望もあり、現役ヤクザとしては珍しく「7年間連続無事故」の記録も更新しています。

当所では、その頃、「7年間連続無事故」者は、一日だけ社会見学に行く恩典があったのです。ところが、地元のヤクザのOさんが資格を得たというので、事なかれ主義の所長が、この制度を廃止してしまったのでした。

Oさんは怒りまくっていましたが、その代替措置として、現役ヤクザでありながら、特役の炊場への異動となったのです。本人は、「俺なんか炊場に出していいのかよ。みんな、初めのうちはメシがまずくなったら辛抱してくれよ。そのうち、うまくしてやるからな」と笑っていました。

そのOさん、半年あまりで、不正喫食で懲罰となって戻ってきたのです。しかも今度は私と同じ共同室にでした。Oさん、行った頃とは別人のように太って帰ってきました。顔なんぞ、まん丸お月様のようです。これは炊場に移った人のほとんどが太る、という常道でした。

以下、Oさんのコメントですが、この人らしく隠すことも遠慮することも悪びれることもなく、実に爽《さわ》やかに、あっけらかんと語っていました。そのおかげで、部屋の私たちは、いつも爆笑の日々でした。

「いやあ、みんな、すまん。ああ、喰った喰った。滅茶苦茶喰ってきたぞ」「あっという間にズボンがきつくなってよお、2回も直しに出したら、さすがにオヤジがいい加減にしろってな。できねえから、チョーエキやってんだけどって返してやったけど」

「カツ丼《どん》の日なんてよお、みんなに悪いけど、物相《もっそう》の中は肉・メシ・肉・メシ・肉肉って4枚もヅケてた（食べること）もんよ」

「なっ、余分に作ったぶんだって、どうせ何日かしたら廃棄するだけだから、バンバンヅケちゃえってな。いや、喰ったなあ」

「パンの日？パンなんて喰わねえよ。甘シャリ（汁粉又は煮豆）を好きなだけヅケるんだから、入らんもの。もう腹がパンパンで大変だったぜ」

「えっ、チーズ？レーズン？そんなもんはよお、ぐわっと鷲掴みで一気喰いよお。うまかったあーっ！」

「（パン食の時の）コーヒーな。薬缶《やかん》でいっぱい飲むからよお、夜は眠れんくて、フクロウだ」

「魚だって熱々の湯気が出てるやつを、3匹4匹、当り前よお。熱いってだけで、あんな魚でもうまいんだ」

「ラーメンか？お？おお、おお、おお、おお、チャーシューばっか山盛りにして、ヅケてたよ。うんめえの、なんのって。熱々だしな。いやあ、みんな、すまん！」

「卵？おお、おお、生のな。3個4個、あっという間だ。茹で卵なら、5、6個いくしな。元気いっぱい、顔の艶が違うだろ、俺」

「天プラソバの日なんて、朝から特製の特大かき揚げをいくつも作って、それだけで腹いっぱいよ。メシ？ソバ？そんなもん、誰も喰わねえよ。メシはよお、オヤジもお替り自由って言うけど、みんな、おかずばっかヅケるから誰もしねえしな」

「朝？おお、おお、味噌汁の具だけで腹いっぱいだし、キムチの時なんか、チゲだ、チゲ。いっやあ、うまかったぜ」

　Oさんは、毎日の副菜を見る度に、いろいろなエピソードを披露してくれましたが、これは彼の人徳、人柄があってのことで、他の炊場から落伍した者は口が裂けても言いません。

「えっ、K子ちゃんかあ。おお、完全に女を捨ててるな。肌なんてカサカサで皴々《しわしわ》よお。俺たちチョーエキのことなんて、これっぽっちも考えちゃいねえよ、K子ちゃんは」

「K子ちゃんなあ。毛糸のパンツじゃなくズロースで、ババシャツだな、あいつは。知ってるか？ズロースってよお、昔の人が穿《は》いてるやつだぞ。今？今どき、あんなの穿いてる女なんか、ばあさんしかいねえだろ」

「うーん、俺もよお、一時は、みんなのために、コマしてやっかな、なんて仏心《ほとけごころ》出したけど、実物見たら、こりゃ無理だってな。ま、日本最低のメシ、辛抱すんだな」

Oさんの話に、一同は、ふーっと溜息をつくばかりでした。ところで受刑者たちの怨念《おんねん》を一身に受けているK子ちゃんでしたが、不思議なことに誰もが「K子ちゃん」と呼ぶのです。「K子の野郎」「あの女」「バカK子」「バカ女」などと呼ぶ者は1人もいません。喰い物の恨みが積もり積もっているというのにです。

実は職員も同様で彼女の食事のひどさ、人柄の悪さについて擁護する人はいないどころか、受刑者と同じく批判しますが、呼称はやはり「K子ちゃん」なのです。

「K子ちゃんがいる限り、メシは期待しねえよ」「K子ちゃん、さっさと退職して欲しいぜ」こんなことを言う輩も、K子ちゃんへの憎悪はなく、諦観したような明るさ、淡々とした態度なのでした。これだけ、みんなに恨まれているにしては、なんとも奇妙なこととしか言えません。

さて、工場に戻ってきたOさんですが、この人は炊場でも人望があったようで、私たちの部屋に届く副菜は、Oさんが来た日から、がらっと変わりました。その変わりようは尋常なものではありませんでした。

朝の副菜の量は、以前の3倍以上、各部屋ごとに入ってくるアルミ製のバッ缶《かん》の中の味噌汁は具がごっそり入っていて、それだけで腹いっぱいになります。じゃがいもの味噌汁なんぞ、いもがぎっしり入っていて、食べきれないほどでした。

肉、魚の日は、大きさが段違いです。数か月に一度しかない、厚さ3ミリのトンカツは、分厚く、かつ、草鞋《わらじ》みたいな大きさです。パン食の日の甘シャリ（汁粉又は煮豆）も、量が違います。汁粉は小豆《あずき》がぎっしり、水団《すいとん》もごろごろ、他の副菜が腹に収まらないほどで、「赤バト」と呼ばれる煮豆の量も平生の3倍以上ありました。

パン食の日のコーヒー、ココア、紅茶、ホットミルク、アイスコーヒー、アイスココアは、配食係の受刑者が薬缶で各部屋の食器孔に並べられた各自の200cc入りのポリプロピレン製カップに注ぎますが、「炊場から言われていますから」と、味噌汁や汁粉用の汁食器（800cc入る）2個にドボドボと注いだ他に、各自のコップに注いでいくのです。

いやはや、驚きの連続でした。これなら、炊場要員なら、いくらでも飲めるというのも首肯できます。ただし、ここまでのスペシャルサービスは、Oさんというスペシャルな人徳、人柄を持つ人だったゆえのことでした。

# 第4章

## 雲の上の所長に対して
## K子ちゃん絶体絶命!?

K子ちゃんの「絶対にあんたたちなんかに、美味《おい》しい物は食べさせません」時代、その後も続きますが、この食事、他の施設から異動してきた職員にも衝撃を与えていました。

何人もの職員が古い受刑者になりつつあった私に、「ここのメシ、ひど過ぎない？」「ここ、食事、悪いなあ」「ずっと、こんなもんなの、メシ？」というような感想を洩らすのです。

やはり、相当のひどさなんだと、とっくに諦観していた私も改めて認識し直したことが再々、ありました。受刑者たちも諦めたのか、余計な抵抗はせず、飼い慣らされた家畜のごとく「エサ」「飼料」とまで命名された食事を享受するばかりでした。

カミュは不条理に反抗する人間を描きましたが、日本の受刑者は不条理を従容《しょうよう》として受容します。その点では世界有数の扱い易さ、従順さです。

日本の刑務官が数十名から100名近くの工場の受刑者に対して、たった1人か2人で拳銃も持たずに管理している様子を視察した各国の関係者が、「アンビリーバボー！」と驚くのが定番ですが、ことほど日本の受刑者は子羊になっています。

それでも近年は、人権意識のインフレで、塀の中にも扱いに困る「処遇困難者」が増えていますが、大半は子羊なのです。その子羊たちにも、これは許しちゃいかん！という「事件」が起こりました。

名付けて『甘シャリ削減不条理事件』です。汁粉と煮豆の甘シャリは、昔から全国共通の大人気メニューで、これについては、縷々《るる》、述べてきたように、どこの施設でもカロリーオーバーは常識でした。

道路交通法による、時速40キロ制限を時速50キロで走るのと同じくらいに自明の法則、習慣です。然《しか》るに当所ではK子ちゃんの方針で汁粉の量が「異常」に少なかったのです。

他の施設では、入っている餅、水団《すいとん》を含めて概ね４５０グラムから３６０グラム程度が相場でした。当所は私が服従した当時には大体３００グラムくらいはありました。それでも受刑者たちは「ないすくだ！（少ない、の刑務所用語）」と憤慨していたのです。

それなのにK子ちゃんは、非常、酷薄、無慈悲にも、汁粉の量を削減するという、〝暴《ぼう》戻《れい》の挙〟に出ました。こともあろうに１８０グラムという、前代未聞、空前絶後、曠古《こうこ》にも例がないという減らし方です。

１８０グラムというのは、液体としては２００cc入りのコップ一杯にもならない量で、どう考えてもあり得ない愚挙でした。さすがの子羊たちも、これには大ブーイングで、抗議のための幹部職員への「面接願」が多数出されました。

「やる時はやるぜい！」「ふざけんな！」の心意気です。

それればかりではなく、刑務所内では雲上人《うんじょうびと》の所長への不服申し立て制度や「視察委員会」への直訴も活用する受刑者が続出したのでした。

「視察委員会」とは、弁護士をはじめ民間の識者で組織する、受刑者の人権に配慮がなされているかをチェックする制度のことです。実際の力は、あまりありませんが。

所長と視察委員会へは、よほどのことでなければ願い出ない（まともな受刑者は）のですが、非常事態、エマージェンシーというわけです。

面接での幹部職員たちの反応は、「わかる。いくらなんでもこんな量はないな」でした。なのにK子ちゃんは微動だにしません。その精神はあたかも日露戦争時の旅順《りょじゅん》要塞か、はたまた第一次世界大戦時のヴェルダン要塞のごとく金城鉄壁《きんじょうてっぺき》のようです。そうして、いよいよ雲上人の所長が動きます。刑務所内では上級幹部以外、所長と口をきくこともないというくらい、所長は「ど偉い存在」なのでした。

この時の所長は珍しく、刑務官からの叩きあげではなく、法務省の官僚が就任していました。これはレアケースなのです。普通は、刑務官からスタートし、度々の昇任試験を通って、それなりの実績を重ね、かつ上司の引きや派閥のラインにうまく乗った人が、めでたく所長になれるのです。

所長は刑務所内でこそ、雲上人ですが、法務省本省の人事でいうなら課長補佐以下でしかありません。その程度なのです。いくつもの刑務所で幹部を務める中から、人事の妙によって、処遇首席（処遇部門のナンバーツー）、処遇部長（所長の次。処遇部門のトップ）を経て、所長になります。

しかし、この時の所長は３代続けての、法務省からの所長就任のうちの２代目でした。法務省から就任した３人は、いずれも受刑者の処遇に対して寛容で、他の所長や幹部のように、ひたすらチョーエキを締め上げる、という意地悪はしません。

「締める」とは規則を厳しくする、受刑者の権利の「運用」を阻害する規則を作る、手紙・面会に制限を加える、休憩時間での運動・読書を禁止する、などなど、受刑者を締め付けることを言い、締めるのが趣味のような上司がいる時は、出世要件の一つにもなってしまいます。

幹部職員には、受刑者の人権を尊重し、日常の暮らしにおいても規則を緩和してやろう、という奇特な人は少数派なのです。主流は、「チョーエキなんか、びしびし締めたれ！」で、この路線に乗る方が、出世への道が開ける、となっています。

で、この時の所長、爽やか青年風、イケメンのS所長は、幹部職員など、歯牙《しが》にもかけないK子ちゃんに〝敢為《かんい》の精神〟で掛け合ったのです。「汁粉の量を増やしなさい」と。所長の鶴の一声！でした。と思いきや、K子ちゃんはなんと「ノン！」と答えたのです。いやはや魂消《たまげ》た根性でした。K子ちゃん、自らが栄養士であることを錦の御旗《みはた》にして、「カロリー通りです」と貫きました。K子ちゃん、圧巻の根性です。S所長、それでも引き下がることなく、再三にわたって増量するように要望しましたが、K子ちゃんは、頑として首を縦にしません。

やがてS所長、異動の時期となって本省に戻ってしまいました。受刑者たちの汁粉の量は変わらずで、一同、空を仰いで長嘆《ちょうたん》するばかりでした。その後も慨嘆《がいたん》の声は挙《あ》がるものの、難攻不落の要塞、不動のK子ちゃんの前では馬耳東風の体《てい》だったのです。

私は既に現状がK子ちゃんの定年退職まで続くことを前提としていました。あるもの、現状で「よしとせよ！」は、自らの努力で変えられないことに対する処し方で、心の平穏（アタラクシア）を保つための知恵です。

そして、法務省から3人目のH所長が来ました。前任のS所長より、わずかに年長で、見るからに温厚篤実《とくじつ》だというのが、表情に表れていた人でした。

## 落城

法務省から赴任してきた所長たちは、私たちの生活の質を上げてくれました。それまでは、いくら希望しても相手にされなかった電子辞書の購入を許可した他、備え付け図書の官本《かんぽん》も、従前の書店任せの在庫処分本から、まともな本を増やす、という快挙も成し遂げています。

面会においてもLB級刑務所であるのに親族以外の人とも面会許可をしてくれました。（その後、締めるのが好きな所長の代になって禁止になる）社会との連絡、交流は大切だ、と言いながら知人との面会の不許可は矛盾しています。

ま、こんなものなので私は、そうか、という程度です。法務省から直接、赴任してきた3人の所長たちは、最後の所長を除いて任期が1年と短いものでしたが（普通は2年）、受刑者たちの処遇を緩和し、さまざまな恩恵をもたらしてくれました。

私自身で言えば、所長が巡回する際、しょっちゅう、直接声を掛けてくれます。こんなことは刑務所では有り得ないことで、担当職員も驚いていました。また、原稿の1カ月の官への提出枚数も制限がなく、その上、所長が読むのを楽しみにしてくれ、「次はどうなるんだ?」「あれは非常に面白かった」などと親しく話してくれるようになっていたのです。そのおかげで検閲期間も短く、私にとっては「黄金時代」でした。しかし、その後、「締めるのが趣味」のような所長と幹部が異動になり、大きく制限されたのです。

残念でしたが、現在は1カ月に提出できる枚数が原稿用紙、100枚になっています。振り返ると本当にいい時代でした。特にS所長とH所長は、いつでも気軽に声を掛けてくれ、顔を見るのが楽しみになっていました。

両人共、異動で転勤する直前に「元気で頑張るんだぞ」と声を掛けてくれ、こんなことはもうないだろうな、と感動したものです。S所長は、その後、いくつもの刑務所を所掌する管区《かんく》の高級幹部として視察に来た折り、私を見つけて笑顔を見せてくれました。

さて、食事についてですが、3人目のH所長もK子ちゃんに食事の件を改善するように複数回にわたって、「勧告」したにもかかわらず、事態は変わらなかった、と幹部職員が嘆息していました。恐るべし、K子ちゃん。所長は刑務所での人事権を持っていますが、栄養士という資格の関係で、交代させることは難しいとのことでした。

私たちは交代するという夢を追わず、現実を見つめて生活していました。そうであっても、同囚たちは汁粉が給与される度に、「こんな物!」とK子ちゃんを呪詛《じゅそ》するばかりでした。受刑者の大きな楽しみである汁粉と煮豆の少なさは全くもって理解に苦しむ悪行でしかない以上、当然の帰結です。

H所長は法務省出身でありながら、叩き上げで所長になった人と同じく2年間、所長を務めました。そうして本省に異動となった際、途轍《とてつ》もない置土産を置いていってくれたのです。

それはK子ちゃんの一般の刑務官への異動で、新しい栄養士を採用したのでした。受刑者一同の歓喜の声が天に響き渡るほどで、誰もが欣喜雀躍《きんきじゃくやく》、狂喜乱舞《きょうきらんぶ》で「随喜《ずいき》の涙」を流したほどです。私が服役して18年目のことでした。

私自身、よくぞ18年間も、あの食事で元気にすごしてきたものだ、と感心するばかりです。ただ、私は常に最悪のケースも想定する習慣を持っているので、万に一つ〝K子ちゃん仕様〟が続くことも念頭に入れておきました。

私は常に多くを期待せず、最悪の事態も想定しておくという、コンテンジェンシープランを備えて生きてきました。自分の努力でやれることには、最悪を考えつつ、最善も想定しますが、自らの力、努力が及ばないことに対しては、期待はしませんし、あてにもしません。

同囚たちは、喜悦《きえつ》の涙を流さんばかりで、「これで俺たちのメシも変わりますね!!」私に言いましたが、「いや、なんとも言えないよ。本当にK子ちゃんがすんなり引き下がるのか、あるいは今度の栄養士もK子ちゃんのレシピを踏襲するような主体性のない人なら、劇的変化を期待するとがっかりするよ」と答えています。

糠《ぬか》喜びは禁物です。現状が続く、と想定しておいた方が精神衛生上もいいでしょう。私は何に対しても、「どうして?」「なぜだ?」「本当か?」という懐疑心が強い性質《たち》でしたから、軽々《けいけい》に決すべきことはできませんでした。

最悪ならば、次の栄養士がもっと劣悪な内容の食事にすることも有り得ますし、K子ちゃんからの引き継ぎの枠から一歩も出ないこともないとは限りません。

私は同囚からではなく、毎日接する担当職員や幹部職員からの情報収集に努めました。「チョーエキの話なんて、話半分どころか千三《せんみ》つだ」とも言われるくらい受刑者の話は精度に欠けます。

私はいつでも相手から情報については、「それは誰からの情報、話?」と問うことにしていますが、そうやって尋ねていくと、元の話に本人の願望や憶測、尾鰭《おひれ》が付いているのが普通です。

誤った情報を土台に物事を考えても始まりませんので、必ず職員と話すことにしてきました。しかし、職員は何でも教えてくれるわけではありません。彼らも人間であり、万に一つ、自己に責任問題が振りかかって来ないように、話す相手を選びます。

日頃から、この受刑者に話しても、ぺらぺら他の受刑者への広報係となることはない、という信頼性も重要なのです。長く接するＬＢ級刑務所ですから、表面だけ、うまいことを言っている、口先だけの者はバレバレですし、信用されません。何十年も職員と付き合うということは、こちらもきちんとした人間でなければ、信頼関係は築けません。

社会の人なら、こんなことは、わざわざ説明しなくても自明ですが、受刑者という種族は、信用、信頼関係や正直・誠実であることなど、一毫《いちごう》も考えていないのです。正確な情報を得るためには、長い間にわたっての信頼関係の構築が土台になります。

私が得た情報によると、K子ちゃんは一般刑務官にはなったものの、引き継ぎもある他、本人が何かにつけて新しい栄養士に「指導」しているようで、すぐには変わらないのではないか、ということでした。新しい栄養士の人柄について尋ねると、「直接、接しているわけではないからわからないが、K子ちゃんよりはいいだろう」とのことで、今のところは日本最低の食事が続く気配で、私もやはり、と納得しました。

新しい栄養士がK子ちゃんと気が合って、現状を維持するか、あまりにもひどいと、K子ちゃんからの軛《くびき》を外れ、自分流の食事に改善していくか、所与の情報ではわかりませんが、仮にプロの栄養士として職業的意識と向上心があったならば、改善されるだろうな、と考えていました。

どうであれ、定年退職を待つなら、あと10年近くかかったであろう状況から大きく前進し、どうなるかは不明としても、変化の兆《きざ》しは整えられたと見ていたのです。『レ・ミゼラブル』のラストは、「待て、しかし期待せよ」だったと思いますが、私は「多くを期待するな、現状でよしとせよ」としました。これは塀の中で暮らす時に必要な心構えです。

## 停滞か、斬新か、クオンタムリープか⁉

難攻不落、金城鉄壁《きんじょうてっぺき》のK子要塞が落城した後も、K子ちゃんの影響力がすぐに排除されることはなく、受刑者たちの歓喜は、疑念、焦慮、不満を経て、怒りに発展していきました。

一食、一日経るごとに「また同じだ」「ちっとも変わっちゃいねぇ」と不平や非難が日毎に高まっていったのです。私からすれば、そんなもの、一日ごとに一喜一憂はおろか、気にすることさえ愚かなことだ、と見ていましたが、受刑者は堪《た》えること、待つことができない人種だから仕方がありません。

そんな状態が半年ばかり続いたある日のこと、メニューに小さな変化の兆《きざ》しが見えました。それまで、猫でさえ、避けて通るような「赤魚」でしたが、焼魚の魚が大きく、かつ焼き方が良くなり、「食べられる物」に変わったのでした。従来の赤魚とは大きな違いです。

これは、〝クオンタムリープ〟にはなり得なくても、漸進《ぜんしん》主義にはなるかもしれないな、と感じました。クオンタムリープとは、量子力学《りょうしりきがく》の世界の用語で定常的な連続状態で起こっている変化が、ある時、従前とは非連続的、かつ飛躍的で起こることで、日本語では「量子的飛躍」と称しています。

前任者から変わる時、後任者は、前任者のやり方から出ない者、少しずつ工夫、改革していく者、全否定し、自らのやり方に一新してしまう者など、さまざまですが、新しい栄養士は、少なくともK子ちゃんのメニュー、作り方のレシピのうち、良くない物は変えるという意志があるのが私たちに伝わってきました。

あの赤魚を変えた、それも魚の大きさ、質は文句のつけどころなく、焼き方も考えていて、服役19年目にして、初めてまともだと思いながら食べたのです。幹部職員に尋ねたところ、K子ちゃんは完全に外れたとのことでした。今後がどうあれ、その事実は将来に向けて一筋《ひとすじ》の光明《こうみょう》となったのです。

そうか、少しずつの漸進主義でも上等じゃないか、という思いでした。そして、間もなく、平日の作業終了後の余暇《よか》時間（自由時間のこと）に館内放送が流れました。館内放送は、ラジオが視聴可能となる午後5時半に受刑者たちに知らせることがあれば流れます。

その放送終了後、受刑者たちの胸中は喜びと失望の二律背反、アンビバレントなものでした。内容は甘シャリ、汁粉の量についてです。これまでの180グラムを240グラムにするというものです。本来なら増えたことを喜ぶところですが、240グラムでは他の刑務所の相場の半分から3分の2でしかなく、不平・不満の塊の受刑者たちは、「なんだ、そんなものかよ！」でした。

私も240グラムと聞いて、そんなところに落ち着いたのかと、やや期待外れと感じたものの、すぐに、増やしたという思考は将来にとっての足がかりとなる、あとは受刑者たちの思いが職員に通じて伝わったなら、増える可能性もあるだろう、と思い直したのです。

何より、改善となったことは、大きな進展です。同囚の多くは240グラムという量への不満に執着していましたが、私はそうは考えていませんでした。少ないながら、私と同じ考えの同囚がいて、チョーエキも捨てたもんじゃないな、と感じたものです。

その後、この件は、漸進的かつ、波があるものの、改善の一途にあります。ですが、私は全く気にならなくなりました。新しい栄養士、受刑者情報によれば、「おばちゃん」とのことですが、仕事への意欲、職務への責任感、向上心のある人でした。

## Qちゃんの改革

本書を進める便宜上、この栄養士を「Qちゃん」と呼びます。Qちゃんの改革、改善は漸進主義ではありませんでした。それまで年に1回か2回の給与だった、ハンバーグ、コロッケ、メンチカツが「毎月」になり、滅多に出なかったトンカツ、他の肉料理も他施設か、それ以上の頻度で出るようになったのです。

五目ごはん、しめじごはんくらいしかなかった混ぜめしも、チキンライス、チーズチキンライス、カレーピラフ、キムチチャーハン、高菜（たかな）めし、ゆかりごはん（紫蘇（しそ）ベース）、さつまいもごはん、ペペロンチーノ、チャーハン、山菜ごはん、などと以前なら信じられないほど、バラエティ豊かになったばかりか、味も大きく改善されたのです。

受刑者たちが、びっくりするほどでした。月に6回と決まっていた「長シャリ」、麺類でも、従来は、輪ゴムのようなヤキソバ、塩・醤油・味噌ラーメン、冷やしラーメン、冷やしソバ、冷やしムギ、スパゲッティミート、スパゲッティナポリターナに、以下のメニューが加わりました。

スパゲッティペペロンチーノ、きつねうどん、山菜きつねソバ（うどんもあり）和風醤油ヤキソバ、五目ソバ、担々（たんたん）メン、広東（かんとん）メン、キムチラーメン、焼きうどん、肉みそうどん、肉うどん、かき揚げ天ぷらソバ、冷やし山菜きつねソバ（うどんもあり）、カレーうどんなどが加わり、ラーメンには山盛りの炒めたコーンが入るようにもなったのです。これには、受刑者一同、大感激でした。

また、天ぷらソバ、天ぷらのかき揚げに供される、かき揚げもK子ちゃん時代は、玉ネギと春菊とごぼうなどが入った、べちゃっとした物でしたが、Qちゃん時代になり、海老がいくつも入れられ、ニンジン他、カップ麺の『どん兵衛』に入っているようなシャキッとした高級品にフルモデルチェンジし、受刑者らは、大いに喜んでいます。

ヤキソバの味も改善されています。これぞ、クオンタムリープでした！「Qちゃん、やるなあ！」の大合唱も起こっていました。以前と同じ予算なのにこんな材料でできるのか、と嬉しい反面、以前のK子ちゃんの買い方は何だったんだろうか、という疑念が生じるほどでした。

受刑者たちの待ち望むパン食の日の副菜には、コロッケ、メンチカツ、ハンバーグ、チキンカツ、大型の竜田揚げが出るようになり、しかも前の三者は毎月という具合になったのです。

さらに受刑者たちが驚愕したのは、コロッケ、メンチカツ共に、他施設では滅多にないであろう大ぶりの物が3個も！給与されるようになりました。以前には考えられない正月以外での「満腹」ともなり、私のような服役年数が長くて、すっかり胃が小さくなっている者は、なかなか完食できないまでになったのです。

ちなみに私は腹いっぱいになってまで食べるという精神を嫌っているので、副菜で腹八分となった時、パンは食べません。同囚に尋ねてみても、40代でも十数年以上の服役となると、胃が小さくなってパンまで完食すると、さすがに腹がパンパンに膨れると笑っていました。

長期刑務所なのに正月以外で満腹になるというのは、K子ちゃん時代には考えられませんでした。汁粉や煮豆と同じく、受刑者の間では「インディアン」と称されるカレーライスも全国的に人気メニューです。当所ではK子ちゃん時代、月に2回しか給与されませんでしたが、Qちゃん時代になって月に4回、その月によっては毎週の5回に増えています。

それもカレーのバラエティが増え、なんとキーマカレーも出るようになりました。他では、なすカレー、きのこカレー、かぼちゃカレー、ひき肉とトマトカレー、チーズカレー、受刑者垂涎の的のカツカレー（年に2回）が加えられたのです。

カツカレーが出てきた時には目を疑いました。社会にいた時、ゴルフ狂でしたが、クラブハウスで必ず食べたのがカツカレーで、大好物の一つだったのです。

そのカツもQちゃんになってからはトンカツ同様、厚みがありました。私たちに供される時は、すっかり冷たくなっていますが、それでも以前に比べると天と地の差というくらいの美味《おい》しさです。

さらには、受刑者が心待ちにする月6回のパン食の日の副菜が、大きく充実しました。K子ちゃん時代には萎《しな》びたセロリのサラダがメインでしたが、Qちゃん時代は、世間の卵サンドと遜色ない卵サラダ、コールスロー、ブロッコリーサラダ、ヨーグルトサラダ、カリフラワーサラダ、イタリアンサラダ、もやしサラダ、ニンジンとツナサラダ、キャベツサラダ、カリフラワーのおかかマヨネーズサラダ、フルーツヨーグルトサラダ、キッシュ！

チキンサラダ！　ポテトサラダ、かぼちゃサラダ、キャベツとコーンサラダ、ニンジンサラダ、スパゲッティサラダ、マカロニサラダなどなど、新メニューが登場したのです。

他にパン食の副菜として、冷やし甘団子汁《あまだんごじる》（夏季）、スパイシーチキン、タンドリーチキン、りんごとさつまいもの煮物（絶品！）竜田揚げも加わり、コロッケ、メンチカツ、ハンバーグと共に、汁粉、煮豆に対抗できる強力な「レギュラー」に育っています。

パン食の日は、普段、会うのも叶《かな》わない、お口の恋人とも言える甘い物との逢瀬が、受刑者たちの楽しみですが、これに手作りあんこ、手作りカスタードクリーム、手作りプリンという、超強力で豪華なメンバーが加わり、受刑者たちの脳内にドーパミンを怒濤《どとう》の勢いで分泌させたのでした。

実際に甘い物は、脳内の神経興奮物質であり、刺激物資でもある、快感をもたらせるドーパミンの分泌を大いに活性化させます。甘党というのは、程度の軽量はあっても依存性を伴うものなのでした。

特に刑務所に入ると、社会で甘い物など口にしなかった者まで、99・99％の割合で食べるようになりますが、これは刺激がない単調な日常において、一つの刺激として脳内物資を分泌するからだとも言われています。

私などは、それを考えると、かなりの依存症だったのだな、と知りました。甘い物自体は、急激に血糖値を上げた後に下がる「血糖値スパイク」を招く他、血中の過剰なブドウ糖が血管壁のタンパク質と結合して、血管の内皮細胞（血管を守る動脈の内側の細胞）にとって、敵・ゴミとなる糖化物を作り、3年で一新される血管のターンオーバーを阻害してしまいます。

血糖値が高くなること自体、血液の粘度が増して血流が悪くなり、血管の内皮細胞に炎症を起こし、挙句《あげく》に血流を妨げるコブを作って血管のしなやかさまで失わせます。生理学的には百害あって一利なしなのですが、甘い物を食べると受刑者たちは一様に「ご機嫌」になることからもわかるように、快感を生じさせるという精神的な作用もあります。

塀の中では、甘い物は月に数回、それも量は多いとは言えないので、私は気にしていませんが、社会で好きな時に好きなだけ食べられる人は、要注意です。血管にダメージを与える以上、将来、心血管系、脳血管系の疾患リスクが増大しますから。

心疾患とは、心筋梗塞、心不全、狭心症などで、心臓に血液を送る血管の血流が悪くなり、心臓が酸素不足、栄養不足に陥《おちい》ります。

脳血管疾患には、脳梗塞、脳出血、くも膜下出血があり、心疾患と合わせると、がんに次いで2番目に多い死因となっているのです（2022年、厚生労働省の『人口動態統計』）。

あんこが出た時ばかりではなく、手作りカスタードクリーム、各種の手作りプリンが登場した時も信じられない思いでした。まず、「うまい！」です。あんこは、パンを二つに割って（前出のコロネ又はフネで）、中に挟む人がほとんどですが、あんパンです。手作りカスタードクリームもパンの中に挟むように塗り広げますが、社会のシュークリームのカスタードクリームに似た味でした。

手作りプリン、これも星を付けるなら三つ星です。プレーン、ココアプリン、コーヒープリン、紅茶プリンといろいろありますが、量は市販のプッチンプリン2個から2個半くらいあり、食べ甲斐もありました。

よくぞ、こういう物を考えついたなあ、という物でした。

Qちゃん、やる気とプロフェッショナリズムと創意工夫の人でした。Qちゃん、既に十数年目に突入していますが、毎月1～4品の新メニューを出しています。十数年経っても、毎月というところが尋常ではありません。創意工夫に余念なく、受刑者たちに「美味《おい》しい物を」と頑張ってくれているのです。

私が人事院の高官なら、給与をどんと増やしてあげたいくらいです！新メニューもさることながら、Qちゃん、味も良いのです。以前と同じメニューでも味付け、調理が雲泥の差というほど、優れています。

酢豚、麻婆豆腐（マーボーとうふ）、牛丼、豚丼、親子丼、五目めし、各種ラーメン（ラーメンなど、スープだけで3種類の作り方があります！）全て本格的で感動の渦です、まともな受刑者たちの間では。酢豚に至っては、豚肉の大きさ、味付け、申し分なく、あなたは中華出身の人か!?と問いたくなるほどです。

魚料理にしても、K子ちゃんは、どうしようもない魚をカンカラカンに焼くだけでしたが、Qちゃんは西京焼き、フライ、胡麻揚げ、タルタルソース付きムニエル、あんかけ、南蛮づけ、味噌煮などなどバラエティに富んでいます。この人、家庭持ちなら、さぞ、旦那さん、喜んでいることでしょう。

家でも、これだけのメニューを出しているとしたら天晴《あっぱれ》！です。おかげで私も食べたいと感じるメニューが増えました。以前のように、なんとかまずい夕食を食べるために、昼食を半分にして空腹にすると、いうことも圧倒的に減ったのです。

Qちゃん、近年やっとネタ切れになってきたらしく、炊場要員たちにも、何か新メニュー、食べたい物があれば、レシピと共に提案してね、と指示を出しています。一同は、『danchu

（ダンチュウ）』（プレジデント社・これスグレモノ雑誌）や、さまざまな書から新メニューを提案するようになり、モチベーションもグーンとアップしているそうです！

以前は夕食後から翌日の朝食まで時間があるので、まだ40代と若かった私は明け方には空腹を通り越して鈍痛になるほどで、これは、どんなにまずくても夕食は腹に入れねばと、昼食を軽めにしていたのでした。

歴史に残る美食家で『美味礼賛』を著《あらわ》したブリア・サバランは、「空腹こそ最高の調味料」と語りましたが、至言です。

昼食をごく軽めにし、強い空腹感が生じることで、夕食もなんとか食べる気になります。それくらいK子ちゃん時代の味付けは並の水準ではありませんでした。

Qちゃんの味付けは、社会に比べたら、成人病予防のために薄めですが、それでも美味と感じられ、以前はそれほどではなかったラーメン類、麻婆豆腐、親子丼など、特に好きになりました。

私は、社会にいた時、ラーメンは食べませんでした。スープに加えて、もやし、玉ネギ、長ネギが入っているので、それを除いてください、と頼むことに気が引けるということもあり、他の人のように酒を飲んだ後のシメにラーメンということはなく、私のシメは、チョコレートパフェや焼き肉でした。近年、シメにパフェ類を頼む「シメパフェ」が静かなブームとなっているようですが、私は40年以上前からやっていました。

現在は、ほとんどの野菜が食べられるようになりましたが、社会にいた頃は、焼き鳥も食べに行かず、でした。店の人がいる前で、串からネギを外すのは、失礼ではないかと考えていたからで、妻と一緒の時は、素早く妻がネギを食べてくれるので、なんとかなるものの、部下、若い衆にそれをさせるわけにいかず、好きな焼き鳥はせいぜい買って来たのを家で食べるくらいだったのです。

偏食というのは、体に悪いだけではなく、世界も狭くしていました。全ては己の不徳、頑固さゆえのことですが、なんとも愚かなことをしていました。Qちゃんが栄養士となってからは、メニューに毎日の副菜のカロリーが記載されると共に、メニュー表が各自に配られるようになっています。

受刑者の多くは、工場の食堂に貼り出されているメニューを、よくもまあ、飽きもせず、眺めているな、と呆れるくらいに眺めていますが、これも他に楽しみが限られているからでしょう。

これだけ内容が充実したなら、それも当然かもしれません。それくらいメニューが増えたのですから。他にどんな物があるのか、全てではありませんが、ごく一部を順不同で紹介しましょう。可能ならば、皆さんと共に味わいたい「逸品」ばかりです！

## 新メニューの一部

鶏肉にんにくパン粉焼き、ポークピカタ、鶏肉甘酢《あまず》炒め、鶏肉とブロッコリーのにんにく炒め、鶏肉カレー煮、回鍋肉、豚肉と大根の煮物、鶏玉甘辛（とりたまあまから）味噌炒め、金時豆《きんときまめ》と豚肉の甘辛煮、天ブタ、レバーの味噌煮、スパニッシュオムレツ、鮭フライ（タルタルソース）、大豆の甘辛揚、大学ブタ、大学かぼちゃ、五目あんかけ豆腐、豚バラ大根炒め煮、鶏肉とブロッコリーチリソース、ミートボール和風あんかけ、鶏肉とブロッコリーカレーマヨネーズ和《あ》え、鶏肉味噌焼き、焼きサバ、かぼちゃコロッケ、天ぷら（南瓜、かにかま、野菜かき揚げ）、かぼちゃそぼろ煮、鶏てり焼丼、ビビンバ丼、スタミナ丼（焼き肉と）、ホルモンチゲ、鮭フライレモンソース、ごぼうと豆腐チャンプル、大学かぼちゃ、ヤンニョムチキン、ガパオライス、ひき肉トマトキーマカレー、肉豆腐、金時豆と豚肉甘辛煮、他人丼、柳川風煮などなど。

どれも期待を裏切らないスグレモノです。

前出のサバランは「新しいご馳走の発見は人類の幸福にとって天体の発見以上のものである」とも語っていますが、受刑者にとっては首肯できる言葉です。

ついでに加えると、以前は、パン食時の飲物は、自家製のコーヒー、同紅茶、同ココア、牛乳のローテーション（コーヒーが多くなる）でしたが、Qちゃんになってからはホットミルク、夏のアイスコーヒー、アイスティー、アイスココア、アイスミルク、フルシーズンで市販品のオレンジジュース、ぶどうジュース、りんごジュースが登場しています。

これ、無名品ではなく、『ドール』というメーカーの物なので（製造は日本国内）、値も張るでしょう。それで受刑者たちイチオシの「パンにはマーガリンで鉄板！」のマーガリンが消えたのかな、と残念な思いもあります。マーガリン、健康には悪いですが、汁粉、煮豆とのマッチングは抜群なのです。

その後、2024年4月頃より、マーガリンの他、『ドール』のジュースも消え、納豆も月に6回から2回にと、さまざまなところに物価高の弊害が出るようになりました。うーむ、この物価高、予算を少し増やしてくれないかな、と日本社会の恥部、汚点、スティグマ、ゴミの私たちも望んでいるところです。全受刑者を代表し、「マーガリン、カンバーック！」と映画『シェーン』のように叫んでいます。

## ここ、すごいですねの嵐

さてさて、クオンタムリープよろしく、大改革、コペルニクス的大転換となった当所の食事ですが、服役20年を超えた頃より、当所にて服役するために全国から移送されて来る、極ワル共が、口を揃えて、「ここ、メシ、すっごくいいですね！」と宣《のたま》うようになりました。

通常、日本人なら愛国心、あるいは自らの生まれ育った地への愛郷心、はたまた、出身校への愛校心などのメンタリティがあります。が、私たち受刑者には、自らの務めている刑務所への思慕の念は稀薄です。

もともと、メンタリティに大きな欠陥があることに加え、大半の者は刑務所に何度も出入りしていることや、決して入って嬉しい所（中には喜んでいる者、意図的に入ってくる者も少なくない）ではないので、自分のいる刑務所への愛はありません。

私にしても同じようなものでしたが、それでも、「ここはいいです」と言われると悪い気はしません。もっともK子ちゃん時代、「ここ、ひっどいですねっ！」と言われても、不快ではありませんでしたが。それが、「良いですね」、と言われると、別に自分の手柄でもないのに、喜んでいるのです。

プリゾニゼーション（刑務所化）、チョーエキ化で、「ああ、俺もすっかり、ここのチョーエキになっちまったぜ」の心境でした。「そんなにいいか！！？」と余裕の笑顔の私に、他施設からの移送者は、「最高じゃないですか。毎日が楽しみなんてないですよ、他所《よそ》じゃ」と目を丸くするのです。ああ、長く務めていると、こんなこともあるんだな、と昔日を思えば感激もひとしおです。

私たちにとっては、とっくに普通のメニューとなっているのが、彼らからすれば驚異になっています。たとえば、ランダムに、これを書いている2024（令和6年）1月のある週のメニューを書き出してみます。朝食は省いて昼食と夕食です。

月曜日の昼食は、鶏肉とブロッコリーのチリソース、かぼちゃのいとこ煮、キャベツサラダ、夕食は、スパニッシュオムレツ、魚肉ソーセージ、ケチャップ炒め、しらたきと小松菜和（こまつなあえ）、

火曜の昼食は、カツカレー（年に2回！）、らっきょう漬け（1人5個から6個）、フレンチサラダ、夕食は、ペペロンチャーハン、こんにゃく土佐煮、もやし胡麻《ごま》和え。

水曜の昼食は、肉うどん、よだれ厚揚げ、白菜のなめ茸和え、パイン缶（パイン1枚）、夕食は、鮭フライ、タルタルソース、もやしと油揚げ炒め、さつまいもサラダ。

木曜の昼食は、豚バラ大根炒め、ひじきのエスニック風、小女子《こなご》とキャベツの酢の物、夕食は鶏肉味噌焼き、麻婆《マーボー》キャベツ、卵サラダ、
金曜の昼食は親子丼（肉、卵たっぷり）、ニンジンのソテー、なめ茸、おろし和え、夕食はかぼちゃコロッケ（3個！）、ピーナッツクリーム、レタスサラダ、コーヒー・パンでした。

私たちには、お馴染《なじ》みでも他から来た者にとっては、毎日が「ご馳走だ！」です。K子ちゃん時代なら、こんなメニューは絶対にないもので、いかに質が上がったのか、Qちゃんの苦労と炊場要員たちの努力に大感謝です。

さらに、ここの食事は「味噌汁が薄いけど具だくさん」「麦メシ、冷やメシではない」「味噌汁の具の種類が多い」「肉類が多い」「あんこ、手作りカスタードクリーム、手作りプリンなんて、何度もチョーエキやってるけど初めて！」「コロッケ、メンチカツも3つも出るんですか！」「味付けがいいです」「カレーの種類、すごいです」「ここ、混ぜメシ、こんなに種類があるんですね」「麺類、バラエティに富んでるし、うまいです」

こんな賛辞が雨霰《あめあられ》と続きます。それまで町で一軒しかなく、どんなにまずくても、そこに行くしかないどうしようもない食堂が、いきなりミシュランの三つ星に大躍進したよう

なもので、日本の刑務所ではトップクラスの内容とまで言われるようになったのです。

いやはや、K子ちゃんによって虐《しいた》げられてきた民が、一躍、黄金の国の住人となったかのようでした。こんな内容になるとは夢想だにしませんでしたが、K子ちゃん時代の18年が報いられたような気分です。

## 欲の塊の亡者たち、バチアタリたち！

これだけ劇的に良くなったなら、さぞや、受刑者たちは喜んでいるだろうと思いきや、そんな常識人のような連中ではありませんでした。K子ちゃん時代の給食委員会がなくなり、代わりに時々、給食についてのアンケートが行われていました。が、これは単に、受刑者たちの意見も聞いてやっているのよ、的なアリバイ作りのためで全て役に立っていませんでした。

それを知っている者が大半で、よっぽど暇な者か、それを知らない者しか、アンケートにまともに答えることはなかったのです。書くとしても、「汁粉の量を増やしてください」くらいでした。

それがQちゃん時代に毎月、意見を徴するとなり、受刑者たちは俄然、ハッスルしてアンケート用紙を職員からもらうようになりました。そこで感謝や讃辞を書くと思いきや、不平不満ばかりだったのです。それを聞いた時、アンビリバボー、信じられない、こいつら本当にどこまでもクズだ！と憤りを感じました。

これだけの内容なのに、どこに文句があるというのか、です。まして、受刑者の多くは社会でまともな物を食べていない生活をしているのが実情です。

廃棄処分のコンビニ弁当で喰いつないでいる者も珍しくなく、社会での暮らしで、ここのメニューの品が口に入る者は、ごくわずかです。それなのに、あれがダメ、これがダメ、もっと△△を出せ、と良かった物のことは書かずにクレームや要求ばかり書いていました。

炊場を担当している歴代の何人かの職員と話をすると、みんなクレームばかりでアンケート用紙を見ると、がっかりする、とのことで一致していました。私が「これだけの内容の所は、そうそうないでしょう」と言うと、「そう言ってくれるのは富士乃だけ」と言います。なんたることか！と呆《あき》れるばかりです。

そんなこともあり。アンケートは年に2回だけになってしまいました。クレームばかり、それもないものねだりの要望が大半なので、読む気にもならないとのこと、誠に気の毒でした。俗に『下種《げす》は槌《つち》で使え』と言いますから、道理や常識を説くだけ無駄なのかもしれません。海水を飲むのと同じで、飲めば飲むほど、喉が乾くということでしょう。『足るを知る』を知らないことは、不幸なことです。これを知ってから、私は運動時間（平日の週5回、1回30分間）に会う同囚に、もし給食のアンケート用紙を書くことがあれば、3つ良いことを評価し、改善点は1つに合わせて感謝を労《ねぎら》いの言葉を書いて欲しいと伝えています。

私自身は食事につき要望はしないことにしているので、アンケート用紙は書きませんが、2023（令和5）年4月に1回だけ、同囚と共に「栄養士・職員への感謝」を目的に書いています。以降は書きませんが、同囚に会うとこのことを伝えるようにしています。

逆に鑑《かんが》みれば、それだけの冷評《れいひょう》にもかかわらず、毎月、新メニューを登場させるQちゃんの人柄とプロフェッショナリズムは、カントではありませんが、頭上を燦然と輝く星々への賞讃に値するものです。私は、この栄養士さんに衷心から敬意を表していますし、私と同じ思いの受刑者が増えることを切望するばかりです。

それにしても、受刑者たちの人でなしぶりは限度を超えています。彼らの大半は、社会ではまともな生活をしていないので、食事すら普通ではないのにかかわらずです。人間が感謝の心を持てないというのは本人にとっても、無惨なものです。

かくいう私も受刑者ですから、この言葉、己の胸裡に刻みつけ、拳々服膺《けんけいふくよう》に努めている日々です。

## 食事と長期刑務所で務めるということ

社会にいた頃の私は、新聞で犯罪加害者が懲役刑を科されたと知った際、3年でも、こいつの人生は糸へんに冬だと考えていました。そういうこともあり、自身は無期懲役刑なんて真っ平御免だ、さっさと死刑にしてくれとしか考えず、2人の温厚で辣腕の弁護士さんにも「死刑でいいですから、事の理非曲直《りひきょくちょく》だけははっきりさせてください。従前の殺人の被告人のように自己弁護、言い訳に終始し、卑屈な態度をとるような真似はしません」と告げました。

厄介な性分ゆえ、弁護士さんたちは、しなくてもいい苦労を重ねましたが、ご両人の広い心で現在もお付き合いしています。検察の求刑が死刑ではなく、無期懲役刑と知ったのは、裁判の終わり頃でしたが、周囲の喜ぶ声と裏腹に失意の内にありました。

それでも、割り切り、切り替えが尋常ではなく、早いので、では、どのように長い期間を過ごすのか、あれこれ想定しつつ、移送されたのでした。たまたま、私がいた拘置所は素晴らしく食事の良い所だったので、食事のことは考えずにいました。

が、当所に来ると、これは肉体・筋肉を維持できるような食事ではないと悟ったのです。法律では、たんぱく質、脂肪についても規定がありますが、とてもそれをクリアしているとは言えない代物でした。

さてさて、俺の20年後、30年後は、どのようになりそうか？と既に20年以上を務めている、先輩受刑者たちの身体、皮膚などを具《つぶさ》に観察していました。普段の更衣室はもとより、入浴の際の脱衣所でも観察者に徹していました。

その結果、わかったことは50代、60代以上で服役が20年以上の者は、総じて肌の艶《つや》がなく、顔と身体にも皺が多いということでした。むろん、K子ちゃんのメニューでは太る者などなく、恐ろしいスピードで痩せていきます。

しっかり心身を鍛えて「立派な死体」を目指そうとした私ですが、運動、それも器具、ウェイトを使えない中での、自体重のみの筋力トレーニングでは維持も覚束ないと悟りました。

もし、私に何らかのアドバンテージがあるとすれば、常温核融合のような巨大な生命エネルギーを持つ父からの遺伝の生命エネルギー、代謝の良さです。そうは言っても、これだけ食事が悪ければ、身体も低度の栄養不足になります。

一つの例として、政治資金規正法違反で、塀の中で桎梏《しっこく》の身となり、約2年強を服役し、2023（令和5）年11月29日に仮釈放で出所した河井克行元法務相の健康状態があります。

河井氏は、政治家が務める定番となっているスーパーA級の『喜連川《きつれがわ》社会復帰促進センター』という、新しいコンセプトで設けられた刑務所に赤落《あかお》ち（確定して務めること）しました。

スーパーA級とは初犯者（初めて服役する者の刑務所。10年未満の短期刑の再犯者、服役が2回目以上はB級）の中でも、社会で同一職種・企業に3年以上勤めていた、懲役5年以下の被害者を傷つけていない者、共同生活ができる者など、諸々の条件をクリアした者だけが選ばれて服役できる施設で、仮釈放も多めにもらえる施設です。

河井氏はたったの2年強務めただけで、高コレステロール、高中性脂肪などの数値が正常になった反面、低度の栄養失調、と人間ドックにて診断されていますが、何十年も服役している私たちなら、栄養失調の度合いも河井氏以上でしょう。

特に、たんぱく質が圧倒的に不足しています。たんぱく質というのは、身体を保つ、あらゆる機能に欠かせないものです。これが常時、不足しているというのは、健康とは言えません。が、受刑者は日本社会の恥、恥部なので改善しようとはならないのです。

現在、劇的に食事が良くなりましたが、それはK子ちゃん時代のひど過ぎる食事に比べてのことであり、社会でまともに生活している人の食事から比べると、各栄養素が充足しているとは言えません。野菜にしても、絶対量が少なすぎます。

そこへもってきて、各工場、各棟への副菜の配分が炊場の受刑者任せなので、同じ副菜なのに、日によって量が半分以下ということも度々あります。これはチェックする職員の怠惰であり、本来は是正されねばならないことですが、官は、「そんなことはない」の一点張りで、職員の怠惰を許しています。

この件につき、この原稿を書いた後、直接、炊場にいた同囚より、明確に「工場によって差別しています」と聴取しました。

そのような事情もあり、本年で66歳になる私も皮膚に張り、艶がなく、皺も目立つようになりました。父の遺伝による生命エネルギーの炎も衰えてきていますが、加齢以上に低栄養が響いています。適正なたんぱく質と脂肪を摂れば、まだ改善はするでしょう。

ただし、これも罰のうち、というのが、ノーマライゼーション後進国の日本なので、致し方なしというところです。ノーマライゼーションとは、懲役刑とは刑務所に入れて「自る刑」なので、他の面では極力、社会にいる時と同じ処遇にしようという考え方です。

欧米の刑務所では、これを土台に一定の年限を務めれば週末は社会に出られる他、面会・手紙・電話など、社会の人と連絡・接する「交通権」は大きく緩和、保証されていますが、日本では厳しく制限されています。

無期囚には、30年どころか、40年50年を務めている先輩たちもいますが、皮膚を見ても、社会の同年代より劣化が著しい者が多く見られます。逆に精神的には成熟しないので、心は若い人が多いのですが…。

実際に務めていると、俗に「罪を憎んで人を憎まず」に該当する人は稀少ですが、存在しています。現在の無期囚は事実上の終身刑になっていますが、人が獄中で30年40年50年も過ごすとは、何と大変なことかと考えさせられます。

反面、ここまで反省の欠片もない連中は、終身刑に相応しいのだと首肯できます。無期囚で仮釈放の恩恵を与えられるのは、大した反省などせず、ひたすら従順を装って務めた者が多数だというのも事実でした。

欧米、特に欧州では終身刑でさえ、16年から24年も務めたら仮釈放ですが、自由に対する意識が、日本とは大きく乖離《かいり》しているのも、その理由の一つです。いずれにせよ、長期刑務所では、社会の人が気が遠くなるほどの歳月を務めるので、身体と健康維持のための栄養には、今以上に法務省が全体のこととして配慮しなければなりません。閑話休題《かんわきゅうだい》。

## 食でのカルチャーショック！

服役後、食事についてのカルチャーショック、奇妙に思うことは多々ありましたが、カレーライスを箸で食べるというのも、その一つでした。現在は、スプーンで、となっていますが、服役後、暫くは箸で食べていました。

初めは、「えっ」と思ったものの、すぐに慣れて、違和感すらなくなったものです。スプーンがないというのは、給与される物によっては非常に不便でした。季節の果物として（刑務所では果物に限らず、旬の食材が出される）、西瓜やメロンが出ると、食べるのにも工夫が要ります。

そのまま、かぶりついて口の周りを汚す者が普通ですが、小学生の頃からお母さんたちの間で「豆紳士」の異名をもらっていた私には真似できず、箸でカットしつつ、食べていました。作法にこだわらない者は湯飲み用のポリプロピレン製のコップで、西瓜やメロンの果肉をこそげ取りますが、これも私にはできない方法でした。

気取るわけでも、育ちがいいわけでもありませんが、みっともない食べ方をするなら食べないというのが私のルールだったゆえです。メロンに至っては、これは初めから厄介だ、と食べません。同囚らは、珍獣でも見るような目をしますが、行儀良く食べられない物は、食べないだけのことです。

西瓜、メロン、汁粉、煮豆などを食べる際には、その人の喰い意地がどのくらいか推測できます。西瓜、メロンを、「そこまでやるか！」とばかりに実をこそげ落として、皮まで削る者、汁粉、煮豆の残った部分をパンできれいに拭《ぬぐ》い取る者など、喰い物に対する処し方に、その人の小さくはない一端が垣間見えるものです。

真に限られた場での、食に対する態度は、百万言の美辞麗句より、その人物を表します。ですが、ここで、この人はこういう人と決めつけはしません。こういう部分も持っているのだな、と留《とど》めておくだけです。単に喰い意地だけではなく、食べ物を粗末にしてはいけないという者もいます。人には、それぞれの生い立ちがあり、喰い意地が張っている、卑《いや》しいということではなく、各家庭での躾《しつけ》、両親、祖父母の影響を受けて育った人もいるからです。

私たちの麦メシの容器は、Qちゃん時代から物相《もっそう》（かなり大きい物）から、青いポリプロピレン製の丼《どんぶり》に変わりましたが、丼にごはん粒をつけたままで出している者（大体は若い受刑者にありがち）に、年長の受刑者が、「お百姓さんが額《ひたい》に汗して作った米だから一粒も残したらいけませんよ」と笑いながら言う時、私も微笑《ほほえ》ましさと共に、「そうだ」と共感できます。と同時に、そんな殊勝な心がけがあるのに、なんで刑務所になんか来るのだ、いい年をした大人なのにと苦笑も出るのです。

年配者の中には、丼を洗う、経理係や掃夫係のために、空いた丼にお茶を入れて、ぐるぐる回しながら飲み、汚れが落ちやすいようにと配慮する者もいます。

昔々の日本の箱膳は、ご飯茶碗は最後にこのようにして、完全に洗うことなく、きれいにして仕舞《しま》ったとも言われています。余談ですが、刑務所では各自で食器を洗うことは禁止になっていました。配水孔に残飯をつまらせないためと、水の使用量を抑えるためです。自室で自分で洗っていいのは、箸とコップです。

自室には、9年前から食器洗い用の洗剤とスポンジが備え付けられました。社会の人には当たり前でしょうが、私たちからすると、革命的なことでした。スプーンが使えるようになった時も、「おおっ！」でした。

自室では受刑者は何をするかわからない連中なので、金属製でなく、クリーム色のポリプロピレン製で、これは重宝しています。果物だけではなく、カレーライス、プリン、コーヒーゼリー、夏に出されるアイスクリームにと、大活躍しています。

以前は、ありましたが、みんなが後のことを考えずに使い過ぎるというので、自室に備え付けの醤油、ソースも廃止になりました。まともな人は、この量で1週間使いなさいと指示されたなら、計画的に使うでしょうが、大既の受刑者は、そんなことは考えず、二、三日で使いきり、職員と「くれ」「ダメだ」と押し問答をするので廃止になったのです。この考え方、無計画さが社会でも発揮され、金がなくなれば短絡的に犯罪に走ってしまいます。

当所の薄い味噌汁にも、前述したように慣れようとはせずに、醤油をどぼどぼと加えます。今後のことを微塵も考えていない点では見事の一語に尽きます。そんな状況ですから官としては取り締まる、廃止せざるを得ないわけです。

## 納豆、頑張れ

納豆については、面白い「儀式」がありました。共同室でのことです。当時は、大体は

6人か7人で生活していますが、朝食時に納豆が入ってくると、その日の割り菜係《わさい》（副菜をみんなの皿に分ける人。1週間で次の人へローテーション）が自分の物相《もっそう》の麦メシを、物相の蓋に移し、空いた物相に全員の納豆と醬油と辛子《からし》を入れます。本当は細かく刻んだネギも入れるのですが、私がネギ嫌いなので、親切な一同は、混ぜて分配した後、各自で加えることにしてくれたのでした。

次に北大路魯山人《きたおおじろさんじん》の400回とまではいきませんが、ぐるぐるとかき混ぜます。かなりの高速でやりますが、物相は深さが約20センチ弱あるので飛び出したりしません。その間、みんなは笑いながら「頑張って」「もう少し」「あと一歩」とか言っていますが、これは仲が良い部屋でのことで、そうではない部屋なら、こんなことしません。

そうして割り菜係は懸命に混ぜ続け、かなり糸が引いてきたと見た刹那、「えいっ」と物相を逆さまにします。初めて見た時、私は心の内で、「おおっ！」と唸《うな》りました。しっかり混ぜられた納豆は、約1秒ちょっと、逆さまにしても落ちません。

これが「しっかり混ぜましたぜ！」の合図で、一同は、「お疲れさんでした」と労《ねぎら》います。これだけ混ぜると、納豆はがっちりと糸を引き、ナットウキナーゼもバッチリと引き出されるのです。旨味《うまみ》と体に良いとされるナットウキナーゼの主成分は、たんぱく質でした。

これを等分にみんなに分けて、「いただきます」ですが、気のせいか美味です。かき混ぜ役が初めて回ってきた時、どのくらいで逆さまにしても大丈夫だろうかと思ったものの、それは納豆自身が教えてくれました。手応《てごた》えでわかったのです。

刑務所という所は、全てがＯＪＴ（オン・ザ・ジョブ・トレーニング）なので、初めに演繹《えんえき》的な説明はありません。何であれ、見て、やって、覚えるという帰納《きのう》的な世界なのです。この納豆の時も、案ずるより生《う》むが易《やす》しでした。

「えいっ」と引っ繰り返した時、それまで私が初めてなので大丈夫かな、と憂慮しているのを何とか隠していた面々から、盛大な「お疲れさんでした」という唱和があり、大したことではないのに、ちょっと嬉しい気分になったものです。むろん、自分の混ぜた納豆は美味でした！

今、社会では、それほど苦労しなくても、この状態にできる、納豆のかき混ぜ棒があり、その名も『納豆の友《とも》』と名乗っています。お試しください。納豆は、大豆を材料とした、大変に優れた食品です。可能なら「ひきわり」を選んでください。納豆の栄養素が、より働きます！

## 偏食矯正の道

面会で父が職員を怒鳴ってから、私はなるべく好き嫌いをなくそうと、部屋の一同に宣言しました。一同は、「その方がいいですよ。このままなら、どんどん痩せて、その筋肉も薄くなってしまいますから」と気持ちよく賛同してくれました。

と言っても、私の場合は考え方に硬直性があり、一度に口に入れた物は食べなくてはならない、というルールが障害になっていました。他にも、牛丼、豚丼なら「肉だけ、つまんだらどうですか？」と言ってくれますが、それもダメなのです。

食べるなら全て食べる、中途半端なことはしてはならない、自分の好きな物だけ、つまむというのは後ろめたいというものでした。いやはや、私は人付き合いは決して下手ではありませんが、自分と付き合うのがもっとも厄介なのです。

しかし、同室の者たちは、全員がヤクザながら、親切で侠気《おとこぎ》のある良い面々で、「遠慮はしないでやってください。実際に口にすれば、イケるのもあるはずですし」と好意的でしたので、それならと副菜の中から、小さな部分を選んで口にしてみました。それでも、これは端《はな》からダメだっという玉ネギ、長ネギ、辣韮《らっきょう》だけは除外しています。

結論から言えば、前出の３つ以外は、なんとか食べられるようになりました。好きとは言えない物でも、含まれている栄養素、成分をサプリ代わりだと、己に言い聞かせて食べたのです。漬け物をはじめ、さまざまな野菜、魚介類も食べました。

きんぴらごぼう、ひじき、じゃこ、切り干し大根、福神漬けなどは旨い！でした。みんなに言わせると「シャバのきんぴら、ひじき、切り干し大根はもっともっとうまいです！」でしたが、私には初めてということもあり、十分だと感じました。

そのうち、細かく小さく切ってある、味がしっかり付いていると条件が揃っていれば、長年の宿敵?だった玉ネギ・長ネギも大丈夫となったのです。この両者は小学校の給食で不快な思いをしたこともあり、受け付けなかったのですが、なんとかなりました。それでも、体調が著《いちじる》しくない時は、今でも食べたくないという情動が働くので、他の野菜たちとは扱いが違います。

カレーライスの玉ネギは、ごく小さいか溶けた物なら社会にいる時もなんとかなっていたのですが、塀の中での「修行」によって、わりと大きな物も、「イケる！」となり、これは自分にとって幸運でした。一度、ここで、どれくらいの量になるのか、カレーライスから玉ネギを取り除いてみましたが、残ったカレーは半分以下になっていたのです。

また社会では見向きもしなかった福神漬けの旨さも知りました。「なるほど、俺は思考に硬直性、頑固さがあったから、喰わず嫌いだったのだな。これは自分の世界を狭くしてしまうことだ」と反省すること頻りでした。心理学では、食物の好き嫌いの多い人は、人間についても好き嫌いが激しいとされていますが、「そうだ！」と同意ができます。

私は好き嫌いが明確で中庸という態度に欠けていましたが、不思議なもので、食物の好き嫌いが減ると共に、こちらの方も緩和されています。完全ではないですが、以前の極端さよりは、ましになりました。

受刑者には、食物、人間の好き嫌いが激しい者が散見され、共に生活していると、「はは あ、俺もこの口だったな」と感じることが少なくありません。他にも幼い頃に鶏を潰す際、羽毛むしりをさせられて鶏肉がダメになった者、焼き魚を見ると、「これって魚の焼死体でしょ」と食べられない者など、いろいろいて興味深くもあります。

私の嫌いな物として、辣韮《らっきょう》が最後まで残りましたが、２０２１（令和３）年、ひょんなことから克服できました。当所は毎週火曜日の昼食がカレーライスです。昔は帝国海軍、今は海上自衛が金曜日はカレーライスの伝統がありますが、少なくない刑務所でカレーライスは月曜日になっています。

そのカレーライスには、薬味として、福神漬と辣韮が交互に付きます。いつも辣韮は残飯として出していたのですが、その日は、なぜか、これを食べてみたくなったのです。

猿に辣韮の皮を剥かせると最後まで剥くというので、実などないのだろう、ただの皮の集まりか、ぐらいの認識でいたのです。いつもなら見向きもしませんが、理由は不明ですが、「食べてみるか」となり、「えいっ」と口に入れてみました。そうして、囓《かじ》ってみたのです。

するとと、パリッというか、シャキッとした歯応えに加えて、さっぱりした味が口中に広がりました。「なんだ、辣韮、うまいじゃないか！」となったのです。以来、辣韮は好物となり、今ではさんざん世話になった福神漬には申し分けなくも、辣韮の方が好きになりました。福神漬のことを思うと疚《やま》しさがないわけではありませんが、辣韮、誠に美味でした。これまで長らく、御贔屓《ごひいき》だった福神漬には申し訳ないのですが、本妻の立場から愛人に異動し、本妻に辣韮が収まったような妙な気分でもありました。「福、すまん！」と。

## この野菜はグー！

野菜嫌いの私でしたが、特にこれはいいぞ！となったのは、かぼちゃ、さつまいも、そして令和6年に「特定野菜」に指定されたブロッコリーのトリオでした。ううむ、どれも、その実力は侮《あなど》れません。このトリオは、社会では鼻も引っ掛けませんでした。

妻が時折、焼きイモを食べているのを見ても、食指は動かなかったのです。「おいしいよ」と、何度か勧められても、私がノーと言えば、「おいしいのに」と妻は笑うばかりでした。

当所では農場もあるので、かぼちゃ、とうもろこしは豊富にあり、秋冬は、メニューにかぼちゃ料理が多く、数えてみると1カ月に12回も出ます。かぼちゃを初めて口にした時は、「おおっ、うまいじゃないか、おまえ！」でした。当所では晩秋から冬の間、収穫したかぼちゃがラッシュのように給与され、好物となった私には欣快《きんかい》とするところです。

かぼちゃのメニュー、主なラインナップは、大人気のかぼちゃ甘団子汁、かぼちゃカレーライス、かぼちゃコロッケ、かぼちゃのいとこ煮（小豆を甘くして一緒に和《あ》える）、かぼちゃの煮付、金時豆とかぼちゃの甘煮、かぼちゃのそぼろ煮、かぼちゃの天プラ、大学かぼちゃなどがあります。この大学かぼちゃも、その実力はタダモノではありません。

どれも私にとっては、絶品で、金を払ってもいいな、という品ばかりです。甘団子汁とは、中に入れる団子の代わりにかぼちゃで作った団子が入っています。甘い汁粉に、3センチ角くらいの四角形に切ったかぼちゃ団子が艶を放っていて、団子としての歯応えもなかなかです。

受刑者の中には刑務所から出た後、汁粉の味が忘れられなくて、自分で作ったり、甘味処に行ったりしたという者もいますが、どうしても刑務所で食べるほどの美味しさは感じないと語っています。これは当然です。稀少性が違います。

自分の好きな時に好きなだけ食べられるのでは、汁粉への欲求も塀の中ほどではなく、自らの都合によってお替りもできるとなれば、汁粉への期待感も塀の中にいた時のようには膨らみません。おまけにお替りなどしようものなら、〝限界効用逓減の法則〟により、どんどん満足感から乖離し、なんだ、こんな物かとなるのは人間心理のセオリーです。塀の中というのは、なんであろうと限定されているから、余計に拍車をかけます。それが社会で食《しょく》することとの差であり、これは埋まりません。刑務所の食事には、物によって1年に1回、2年に1回の物もあります。

その稀少性が自由な選択肢が当たり前の社会の人には味わえない、珠玉の一品となるのです。かぼちゃカレー然《しか》り、かぼちゃコロッケ然り、これらは社会にいても食べたいと感じる逸品ですが、たぶん、これは服役しているからだ、出所したならば、他にも食欲をそそる物は、いくらでもあるのだから、となるかもしれません。

私のように社会に出ない、ここが自分の世界、全てなのだという思いで生活している者にとって社会の食と比べることはないがゆえに、満足度も高いのです。社会に出られる者、社会から服役したばかりの者は、どうかすると、すぐに社会の物と比べるので、「こんな物」と自分を失望させてしまいがちですが、一面で不幸なことだと同情しています。

他、さつまいも、ブロッコリーと、Qちゃんはいろいろと工夫して良品を給与し続けています。特にブロッコリーは、野菜の中でも栄養面で特に健康に良いこともあり、度々給与されているのです。欲を言えば量が少ないことで、懐石料理の前菜より少ないため、効能があるのか疑問です。

# 第5章

## 刑務所の非日常食

刑務所という所は、1年365日、同じルーティンが延々と繰り返されます。私が服役した当初、当時の「先輩」受刑者たちに尋ねると、はるかウン十年前からこの日課は変わらず、普通になっている世界です。

そんな生活の中で、わずかな変化もあります。食の面で言えば、「非常食の放出」です。刑務所では常に非常時のために、かなりの量の非常食を備えています。非常時であっても食べさせるというのは、法律で定められている以上に、受刑者を統制する、保安上のリスクを高めないために必須の条件です。

その非常食にも賞味期限があるので、新しい物を仕入れる前に放出します。ほんの数日ですが、「シャバネタ」つまり、一般社会の市販品を口にすることができるわけです。社会の人からすれば、珍しくもなんともない品々でしょうが、長期刑受刑者にとっては珍品の上、なんといってもシャバネタなので、「イベント」になります。

どんな物かとなれば、まずは、銀シャリ、麦なしの白いごはんです。日頃、米7麦3の麦メシが標準なので、白米だけのごはんは本当に目にも眩しい銀シャリです。レトルトのパックを温めただけですが、当刑務所の白米と違って、明らかに滋味《じみ》に富む味でした。

刑務所の米は社会の人が食べる米より、数段質が落ちます。時折り、食事時間に（刑務所では食事は原則として規定の時間のみ）体調不良の受刑者が「後《あと》で食べてよし！」と職員の許可を得て、何時間か後に食べますが、誰もが冷《さ》めた麦《バク》シャリは喰えたもんじゃないと言います。腹を空かせた受刑者が言うのですから、よほどのことでしょう。

私は7年ほど前から副菜を先に食べ、麦メシを最後に食べるようにしていますが、麦メシだけだと、ここの食事に慣れた私でも食が進みません。社会では特に舌が肥えていたとは言いませんが、米をはじめ食事には金をかけていました。

それが塀の中に入って、「ここではここのレベル」と切り換えていたのですが、加齢で胃が小さくなったことと相俟《あいま》って食欲が衰えています。近年は明け方近くに空腹で胃が痛むこともなくなり、その気にならなければ夕食は腹五分六分で済ませるようになりました。

そんな私ですが、市販のレトルトのごはんの時は、副菜なしでも食が進むのです。決してコシヒカリのような良質な米ではないのに、普段の米に比べると風味も芳《かんば》しいものでした。量としては２００グラム入りのパックが2個給与され、同囚らは完食していますが、私は1個の半分を残しています。

このような時、味噌汁も発泡スチロール製のカップに入った物が出ますが、味が濃く、なるほど、「うまい！」の一語に尽きます。ただし、具の量は私たちの刑務所での味噌汁の方が多いです。

えっ、刑務所の味噌汁の具ですか!?　具は次のようになっています。

「小松菜と油揚げ」「玉ネギとわかめ」「豆腐とネギ（豆腐は自家製）「大根と油揚げ」「ほうれん草と卵」「ごぼうとネギ」「玉ネギと油揚げ」「白菜とえのき」「豆腐とわかめ」「絹さやと卵」「ほうれん草とニンジン」「かぼちゃ」「玉ネギと卵」「しめじとネギ」「ごぼうと絹さや」「いんげんと油揚げ」「ほうれん草とオクラ」「チンゲン菜とニンジン」「キャベツと卵」「豆腐となめこ」「チンゲンサイとオクラ」「大根とニンジン」「白菜となめこ」などです。

市販の味は良好ですが、私は当所の薄味が気に入ってます。非常食の副菜は朝は、サバ、サンマ、サケなどの缶詰ですが、これは通常の朝食と同じです。

昼食、夕食にはレトルトの「鶏照《とりて》り焼き丼」「煮込みハンバーグ」「牛丼」「豚丼」が出ます。味は濃くて滋味掬《きく》すべしです。特に鶏照り焼き丼の具は大人気でした。

また、私は、社会ではファーストフードはほとんど食べませんでしたが、吉野家の牛丼を当所のレトルトで初めて食べました。なかなかの味でした。少し以前の情報ですが、若い受刑者によれば、「つゆだく」にすると、もっとうまいということですが、なるほど！

と合点がいきました。

20年もまえですと、非常食の定番は、昔なつかしい乾パンでした。ある年代以上の人は知っているでしょうが、あの乾パンです。角が丸く、角型の練炭のような「アレ」です。アレを油で揚げて砂糖を塗《まぶ》すのが、刑務所での乾パンの供し方でした。「アレ、うまいんですよ！」

それが、すっかり形が変わって、平べったい板状のビスケットのような乾パンになってしまいました。これに付けるジャム、マーガリンもなく、硬い物を食べるだけという味気ないアレになったのです。

これは歯が悪い者が多い受刑者にとっては難敵です。それでも喰い意地が半端ではないので、お茶に浸して柔らかくしてから食べるのが常道になっています。そこまでして食べるのか!?　なのですが。

受刑者の歯が悪い理由は、子どもの頃からのシンナー吸飲、若い頃からの覚醒剤使用(これは歯を悪くする元凶。精神も頭も悪くする！)、歯科医にかかるカネがなかった、日頃からケアしない、幼少期の親のネグレクトと、栄養不足、親の愛情不足などによるものです。

私も18歳から入れ歯なのですが、異常な甘党だったことと、偏食によるものでした。甘い物の摂り過ぎは、カルシウムを排泄してしまうのです。無知過ぎました。私の入れ歯は最高級品なので、食べることには不自由はありません。

非常食で他に人気があるのはパンの缶詰めです。これが仄《ほの》かな甘さを秘めた逸品なのです。量は少なく、すぐに空腹になりますが、受刑者に望まれている一品でした。平生、受刑者は甘味に飢えているので、微《かす》かな甘さでも貴重です。今後も給与されることを待つばかりです。

## 食中毒、大歓迎!?

今も去ること20年以上前になるでしょうか。当所で「O《オー》－157」による食中毒が発生したことがありました。受刑者の中から患者が続出し、調理場である炊場も保健所の指示で閉鎖となったのです。

最低2週間は、その状態が続くというので、備蓄してある非常食では足りず、社会の仕出し屋から弁当を頼むことになりました。

時代は日本最低の食事のK子ちゃん時代です。館内放送で、その旨が告知されると、期せずして歓呼の声が鯨波《げいは》のように湧きました。どんな弁当になるかわかりませんが、K子ちゃんの食事よりは、ましだろうという期待があったからです。そうして、与えられた弁当はK子ちゃんのメニューに比べると霄壌《しょうじょう》の差でした。

弁当では食中毒防止のため、どうしても揚げ物、焼き物が中心になります。朝食は胡麻がかけられた銀シャリに、漬物と梅干しですが、これが実にいい塩梅《あんばい》でした。昼食と夕食に至っては、当所では滅多に出なかったハンバーグ、メンチカツ、各種肉類のフライ、卵焼き、ハム、魚のフライ、鶏の唐揚げという「御馳走」ばかりで、一同、満足そうに舌鼓《したつづみ》を打つことに相成りました。

おまけに、炊場ではお茶も作れないというので、ペットボトルに入った伊藤園の『おーい、お茶』が毎食1本ずつという豪勢なメニューでした。いやあ、お茶、冠絶した旨さでした！当時の私たちのお茶は柳葉茶《りゅうよう》で、ただのお湯に、うっすらと色をつけただけの代物です。そうした背景での『おーい、お茶』ですから、大感激の極みでした。

たんぱく質と脂質が極度に不足していた私たちにとって、弁当の副菜は、「干天《かんてん》の慈雨《じう》」になりました。朝食の梅干し、小粒でしたが、これも掌中の玉のような貴重な品です。願わくば、続けて食中毒が発生してくれないかと、ワル共みんなで天に願ったほどでした。

## ぼったくり!?の留置所の食事

弁当が揚げ物中心というのは、警察の留置所に多い例です。留置所では食中毒防止のために、火を通す物を中心に作られています。ついでに言えば、留置所には、自費で購入できる「差《さ》し弁《べん》（差し入れ弁当）」と官費《かんぴ》（警察の予算）で与えられる「官弁《かんべん》」があります。

昔々からの「伝統」で、「代用監獄制度」がなぜ廃止されないか、という鍵がここにありました。ちなみに、代用監獄制度とは、警察が容疑者を逮捕後、留置所に収容し、取り調べを続けるということです。

皆さんは、政治家や社会的地位のある人、社会的に一定以上に著名な人が逮捕されると、そのまま検察庁の身柄として、留置所ではなく拘置所に収容されることを知っているでしょう。

拘置所内の取り調べは、刑事ではなく、検察官と検察事務官が行って、拘置所内の取調室で取り調べをしますが、これが本来の姿なのです。

なのに、なぜ、何十年も代用監獄制度が続いているのかというと、警察が留置している容疑者のための予算を手放したくないからです。その金額は莫大な額になりますが、これを少しでも「残すため」でしょうか、留置所で与える食事は貧弱な物にしています。

朝は、菓子パン2個に牛乳1パック、昼は素うどん、または副菜3品か4品のしようもない弁当ばかり、夜も似たような弁当です。しかも、副菜のたくあんなどは細かく刻み込んで量があるかのように偽装している所が多々あります。

また所によっては土曜日、日曜日は警察署近辺の飲食店から出前をさせている留置所もあり、私はこれで寿司、焼き肉、ピザを食べていました。それなりに良い制度ではあります。留置所では、経費を削るために、金のある者は自費で弁当を頼むように促しているのです。昔々の人は、うまいことを言ったものです。「地獄の沙汰もカネ次第」、これは留置所のみならず、刑務所にも言える金言でした。

ま、悪い奴ら相手なので、どうっていうこともないでしょうが、警察、なかなかの組織でした。昔はキャリア官僚に人気がありませんでしたが、20年くらい前から、パチンコ屋からの利権や、なにかと権力が行使できる、天下り先も増加中、というので就職先としてキャリア官僚の間でも人気が高くなりました。

と、いうところで、刑務所の弁当に戻ります。日頃、刑務所の食事、お茶しかなかった受刑者たちにとって、弁当とペットボトルのお茶は宝物のようでしたが、幹部職員からは予算が大変だ、と言う声も聞かれました。そんなこともあり、2週間後、弁当から以前の当所の食事、お茶に戻ったのです。

その時の同囚の面々の失望感たるや、まるで午前0時を過ぎて豪華な馬車がかぼちゃの馬車に戻ったシンデレラのような寂寥感が漂っていました。刑務所というお役所は、他の官庁と比較にならないほど規制や責任について厳しいので、幹部職員は大変だったのではないでしょうか。

ああ、こんなことはもうないかもな、といったぼやきがありましたが、二十数年後、なんと昨今のコロナ騒動となったのです。刑務所は特に厳しい基準があり、社会のコロナ対策以上の措置となりました。

## シンデレラよ、さようなら

当所の職員は刑務官らしくなく、親切で優しい人が多いうえに、公務員として真面目な特性を持つ人が大半なので、退庁後の不要な外出を控えているとのことで、感染者はなかなか出ませんでした。

騒動初期の頃は、「コロナに感染した」という職員は周囲の目もあり、感染して闘病するとなれば、周りの眼の方が重大で、あたかも針の筵《むしろ》に座る思いだったでしょう。そう思われるくらい、職員たちには感染者がでなかったのです。町には連日、感染者が急増中、クラスターになった、というニュースがあふれていました。

私たち受刑者も、部屋の出入りの時や、同囚や職員と話す際は必ずマスク着用でした。入浴・運動・他で、部屋に戻る時は手指を消毒することとなっていて、コロナが2類から5類になった現在でも、その状態はずっと続いています。さすがお堅いお役所で、職員に至っては、真夏でもマスク2枚に、ラバー製の手袋着用と気の毒なくらいです。

そのうち、ぽつりぽつりと感染者が出て、とうとう受刑者にもでました。私のいる棟は全員が工場にでていないので、安全地帯ですが、ＰＣＲ検査のために職員の人数が減れば、工場と同じように休みになります。

その休みの日は、仕方なく40分間ばかり作業安全のためのプリントを学習させますが、あとは余暇《よか》時間、自由です。読書、勉強、私なら原稿書きと、捗《はかど》ります。そんな時に、炊場にも感染者が出たとなり、一同また弁当か！と期待したものの、非常食の給与となっての糠《ぬか》喜びに終わっています。

この時の非常食は、レトルトのごはんが200グラム、サンマ、サバなどの缶詰が1缶のみというしょぼさで、みんな空腹状態で約1週間を過ごしています。炊場が休止なので食器も洗えないため、毎食、発泡スチロール製の使い捨ての食器でした。

この時は少食の私でさえ、終日空腹を抱えていましたが、若い受刑者たちは、余計に空《す》きっ腹を抱えて、ひもじい思いをしたことでしょう。長期刑ゆえに、いずれは私と同じ道を辿《たど》ることになるのですが。

## Qちゃんの大英断、節分、そして誕生会

栄養士がQちゃんに交代となってから、当所の食事の質は格段に向上しましたが、Qちゃんのプロフェッショナリズムと、心ない受刑者の不平不満をものともせずに創意工夫を怠らない寛容の精神に対して、心から最大の敬意を表すばかりです。彼女の快進撃、工夫は歩みを止めませんでした。その中で、ここまでやれるのかあっ!!となったのが節分《せつぶん》です。

施設によっては、出ない所も多いのですが、当所では以前から、2月3日の節分の日には、「うぐいす豆」1袋が給与されていました。これは私が服役した時には既に定番となっ

ていたのです。

うぐいす豆、社会で昔から市販されている美味しい豆菓子です。これを夕食と一緒に与えられ、受刑者たちは就寝準備が始まる午後8時55分（就寝は午後9時。一部のエリート受刑者らは午後10時）までに食べます。

これも楽しみの一つでした。歯の悪い者は、お茶に浸して柔らかくしてから食べています。私も、うぐいす豆は社会でも食べていました。コンビニ、スーパーに行く時は常に甘い菓子を大量に買うのが習慣でした。

そのせいで、小学生になる前から息子は「パパを見てると胸やけがする」と言って甘い物は口にせず、しょっぱい菓子を選ぶようになっていたくらいです。私はこの年で胸やけするなんて言うのか、ふーん、と別のところに感心していました。妻も息子同様、「パパを見てると甘い物は、もういいいわ」でした。

そのうぐいす豆が、２０１９（平成31）年に大きく変わりました。市販のロールケーキとカフェラテになったのです。いやあ、これにはびっくり仰天しました。まさか、こんないい物が出るとは夢にも思わず、予算は大丈夫かいな、と余計な心配までしてしまいました。

山崎製パンの『ロールちゃん』いちご味（抹茶やホイップクリームやチョコクリームの

年もあり）と、森永の『マウントレーニア、カフェラテ』です。こんなに旨いのか、という逸品で受刑者たちは大感激でした。２０１９年以降、毎年給与されていますが、私たちは甘い物が限られているだけに、至宝に近い評価となっています。

本稿を書いていた令和6年の節分には、『ロールちゃん』のホイップクリームと、『マウントレーニア』のエスプレッソほろ苦《にが》ラテが給与され、純白のクリームの脳髄まで痺れるような美味を堪能しました。いやあ、極楽、極楽の味ですな！

このロールケーキは、じつは恵方巻きの代わりですが、節分の日に、その年の吉となる方角を向いて無言のうちに食べる、という現在ではお馴染《なじ》みとなった？セレモニー、私が社会にいた頃はありませんでした。ないと言えば、ハロウィンの仮装もですが、〝駟《し》の隙《げき》を過ぐるがごとし〟、歳月の過ぎ去る早さを感じずにはいられません。

尚、当日の夜勤の職員は、受刑者から吉となる方角を尋ねられることが多いのか、尋ねようとする者が趣旨を告げる前に、教えてくれる人もいます。良いことがあるなしにかかわらず、縁起もの、儀式として実行する受刑者が増えている証左でしょう。それにしてもQちゃんの奮闘ぶりには、つくづく頭が下がるばかりです。

## 一大イベント、誕生会

日常の変化に乏しい服役生活では、ちょっとした「非日常」「ハレ」でも立派なイベントになります。１年に１回ならば尚のことでしょう。そのイベントの一つに「誕生会《たんじょうかい》」がありまます。どんなワルにも誕生日があり、刑務所ではそれを祝ってくれるのです。このイベントは全国共通になっています。ワル共の誕生ですから社会的には大凶の日ではあるのですが…。

各月末毎に、その月に生まれた受刑者を一括で祝うという儀式になっているわけです。従前は、工場にて就業している者は、昼食時に会場に連行され、全工場からその月に生まれた者全員が招集されていました。

そこで社会から篤志《とくし》面接委員を担《にな》っている民間の有志の人が来賓として臨席し、受刑者と同じ食事をした後、20分から30分程度の講話をします。

篤志面接委員とは、主に宗教家、教育家がボランティアで務めてくれ、受刑者が希望すれば１００％ではありませんが、面接に応じて相談・助言相手になるのを仕事としている人たちです。

大体は中年以降の男性の年配者です。工場にて就業せず、四六時中、単独室（独居房のこと）で作業・生活している者はその部屋で単独で行います

何が「イベント」かというと、当日に供される「赤飯・ドーナツ・コーヒー」です。私のいる施設は、充実しているせいで、ドーナツとマドレーヌ（共に自家製の逸品！）が年毎に交互に出ます。

当日の昼食の副菜は他の者と同一ですが、特製の大きめの「あん入りドーナツ」が3個！も出ます。赤飯、コーヒーもパン食時に供される自家製ですが、稀少性もあって、心身共に大いに満足させてくれるのです。

何年も当所で過ごしていると胃が小さくなるので、副菜まで完食できるのは、若い者、服役年数が浅い者、健啖《けんたん》家のいずれかです。務め始めた頃、ベテラン受刑者が、「おかずなんて入らんよ。今に富士乃さんもそうなるよ、淋しいけどさ」と言っていた通りになりました。

慣れない者は、赤飯（通常と同量）と副菜を平らげてから、大きなクリーム色の物相《もっそう》、大量の三温《さんおん》糖と共に入っているドーナツを食べ、満腹となって苦しい思いをします。ここはまず、赤飯のみを食べ、おもむろにドーナツに取りかかるのがコツなのです。それでも

十二分に腹は満たされます。

近年は炊場に配属された者の中に、職人肌、マニアックな者がいるようで、従来以上に工夫を重ね、質の向上を図ることに成功しているようです。ドーナツも、Qちゃんの世になってからは大きくなり、数も3個と増えているので、大満足、感動の「誕生会」となりました。

それでも、外から来臨してくれる数多の篤志面接委員の中で、食事に手を付けた人は皆無でした。私たちには至宝のように映っても、社会の人からすれば、口にしたくない代物なんだな、と少々残念でもあります。

往事から、刑務所の食事は「臭いメシ」と刑容されてきました。その理由は諸説紛々ですが、①昔々は部屋の中に大小便排泄用の桶、バケツがあって臭気がひどかった所で食べていた②麦メシの匂い③刑務所自体が臭いといったところがポピュラーです。

①については、事実でした。刑務所の各室のトイレが完全に水洗いとなったのは、昭和50年代後半のことで、それまでは部屋の中で排泄をし、桶やバケツの脇は新入りの場所で、そこで寝起きしていたのです。ゆえに臭いメシは事実でした。尚、共同室では水洗ですが、前の者が使った後、すぐに使うなら、やはり臭気は残っています。

②については、これも事実ですが、鼻につくような臭気ではありません。③に至っては、通常はありません。以上のような事情で今は「臭いメシ」には該当しませんが、社会の人からすれば、刑務所の食事は精神的にも衛生的にも忌避したいものなのでしょう。
もし、社会の人が食べたとしても、現在の当所の食事はそれなりの味ではあるのですが。刑務所や受刑者というのは、犯罪を恥、犯罪者を社会の恥部、汚点とするのが日本のコンセンサスということもあり、感情として受容できないのでしょう。

誕生会は、年毎にドーナッツとマドレーヌが交互に供されると述べましたが、2023（令和5）年度はマドレーヌの年でした。

私は社会にいた頃からのドーナッツフリークだったので、マドレーヌより断然ドーナッツ派でしたが、その年のマドレーヌは例年と比較にならない出来栄《ば》えで、一口食べた途端に、「おお、出色《しゅっしょく》の出来だ！」となりました。

マドレーヌというより、蒸しパンに近い物だったが、ボソボソしたところがなく、しっとりし、レーズン、スライスアーモンドの使い方、量も上手にこなしている傑作だったのです。

これは、尋常ならざる工夫、修行の賜物だと讃辞を送りたいほどでした。このマドレーヌは四角く切った物が4個と、物相いっぱいに入っていて至福の時を過ごせました。

これまた従来は昼食時間の20分間のうちに完食せよとなっていたのが、令和に入ってから夕食時に供されるようになり、午後8時55分までの喫食が許されることになったのです。

私は読書、勉強、原稿書きのため、出された物は速やかに処理することにしていますが、服役が長く、年配で胃がちいさくなった受刑者には朗報でした。本当は、ゆっくり食べればいいのでしょうが、食べながらの勉強は能率が落ちますし、食べながらの原稿書きも同じ理由で「時間原理主義者」の私には時間が惜しいのです。

それでも、口に入るだけでよしとしているので不服ではありません。刑務所では時間が限られています。起きていたくても、午後9時には横になって寝なくてはならず、日々、時間は命として貴重な扱いをしています。

しかし、この誕生会、社会で祝ってもらう習慣のない受刑者ばかりなので優れた行事です。受刑者の大半は社会にいても親・兄弟とも疎遠、行き来がなく、知人・友人も少ないかいない、というソーシャルキャピタル（社会資本）を欠いた種族だけに尊いことでした。

当人らは、そんなことなど考えてはいませんが。

尚、他の施設での誕生会では、赤飯は定番で、あとは市販品のドーナツ、大福、市販の袋菓子、饅頭（市販の紅白饅頭もあり）などでした。一般的に他施設は収容人員が多いので、手作りは少ないとのことで、それだけに当所のドーナツ、マドレーヌは歓迎されています。

## 待望の夏の風物詩!?と丈夫な受刑者

ここ数年、日本列島は常識を凌駕した夏を迎え続けていますが、エアコンのない刑務所は酷暑そのものです。私は社会の知人・友人から度々「刑務所にはエアコンありますか？ありますよね、この夏もあることですし」とか、冬は「暖房ありますよね？」という質問・手紙をもらいます。

社会で暮らす人にとっては、エアコンはなくてはならぬ必需品で、普及率が低い北海道においても、とうとう、令和4年5年と小中学校にエアコンを設置と、行政が動き出しましたが、刑務所にはありません。ついでに述べると、北海道の施設以外、原則として暖房もないのです。北海道の施設ですら、暖房が入るのは12月から3月までのことで、11月と4月は室温が一桁から13度くらいの中で暮らしています。それでも、なかなか凍死しないのは、受刑者はゴキブリ以上に「しぶとい」と言われているからです。70代80代の者もいるのに、この御仁たち、しぶとく生き残り続けています。

私が感心するのは、外気温が35度37度となり、室温も軽く30度を超えているにもかかわらず、70代80代の超ベテランチョーエキたちが熱中症でコロリと逝かないどころか、熱中症になる者も滅多にいないことです。

「憎まれっ子、世に憚《はばか》る」ではありませんが、その元気ぶり、命への執着ぶり、妄執に感心させられます。口さがない40代、50代の受刑者は、「じいさん方、何人かぽっくり逝ってくれればいいのに。そしたら法務省のことだから慌《あわ》ててエアコン入れるのにな」と世迷い言を言うのです。

社会の皆さんの想像を絶するほど、塀の中の老人たちは元気溌剌《はつらつ》、「このおっさんたち、塀の中で百寿者になるんじゃないのか」とまで、「懸念」されています。

むろん、70代80代になると疾患で工場の作業ができず、かつ、体も不自由になり、社会の病院と同じ機能を持つ「病棟《びょうとう》に入病（入院）」し続ける者もいないわけではありません。

かなり以前から、刑務所は最後の福祉施設と呼ばれるようになりました。職員の職務にも介護に近いものが含まれるようになりつつあり、本人はちっとも望んでいなかった獄死も目前となるのです。

近年、酷暑続きの刑務所では、「とにかく水分を摂れ」「少しでも具合いが悪くなったら速やかに申し出よ」と繰り返し訓示されるようになりました。

かくいう私は、労働意欲の塊、「ザ・マシン」なので、ここは特に親切と定評ある当所の医務の職員は私の顔を見る度に「作業が大事なのはわかるけど、水分摂ってくれよ」と念を押してくれるのです。

私は作業中に用便をすると、作業時間が減るので、余分な水分は摂りません。朝食時の茶は作業のある日はもらいませんし、昼食の麺類のつゆは全て残します。飲めば作業中に用便となり、そのぶん、作業時間が減るからです。

配食係の受刑者は残飯を見て、「えっ!?」と驚きますが、毎日、作業の出来高の記録更新を旨としているので当然のことでした。ですが、一昨年の夏、とうとう熱中症になり、入病はいやだということで、2時間だけぶどう糖液を点滴してもらった失態があり、以来、自分の体は若いのだ、鉄なのだとは考えず、昼食時、1杯の茶を飲むようになりました。

工場で就役している者には、冷たい麦茶、エンリッチの他に1人6杯ぶんのポカリスエットが、平日は毎日給与されます。ポカリスエット、いいですね。社会にいた時、キンキンに冷やしたポカリ、本当に好きでした。

が、工場に出ていない私には給与されません。これ、おかしいですよね。平日に限り、約800CCの麦茶が給与されるのみです。麦茶は健康に良いとのことですが、私が口にするのは、休憩時間の約40分から50分前に1杯、そして作業終了の約30分前に残りを片付けます。すると作業時間内の用便は行かずにすむからです。麦茶は大麦、裸麦を煎じたものなのでミネラルが入っているとされています。栄養とかミネラルなんてものは、この中では貴重なので、そうやって作業時間のラストに飲み干すことにしているのです。

あのローマ帝国ではコロセウムでの剣闘士（グラディエーター）の殺し合いが、エンターテインメントとして大人気を博していましたが、この剣闘士たちの常食が一般市民が口にしない家畜のエサの大麦でした。

栄養があり、体を大きくしてスタミナをつけると言われていたのです。そのせいで剣闘士らは「大麦喰らい」という蔑称を与えられていました。

さらに時代がぐっと下ると、強さと層の厚さで知られるエチオピアのマラソンランナーたちは、スタミナ食、強壮食、そして、ソウルフードとして大麦のオートミールを常食としています。そんな逸話もあり、私は麦茶は飲むように心がけているのです。

この他、夏のパン食時には、『冷やし甘団子汁』『冷やし汁粉』『アイスコーヒー』『アイスティー』『アイスココア』『アイスミルク』などが給与され、暑熱の一日の中、束の間の涼を味わうことができます。毎日の天気予報で気温の激しい上昇が報じられると、夕方にカキンカキンと凍らせた清涼飲料水が配られることもありますが、愚かな一部の受刑者が、氷が融けないなどクレームをつけ、これもなくなってしまいました。誠に愚劣な者と呆れるばかりです。

近年の炎熱《えんねつ》焼くがごとき、の天候の中、受刑者らが夏の風物詩として首を長くして待っているものがありました。私もその一員です、社会人にとってはどういうことでもありませんが…。

## 珠玉のアイスクリーム！

それは昼食時のアイスクリームでした！

刑務所でもアイスクリームが出るの？と思った人もいるでしょう。それが出るんです、7月、8月のみ、平日の昼食時に給与されます。ずっと以前は午後の2時20分から2時30分までの休憩時でしたが、最近は昼食時になりました。

昼食は（私のいる単独棟は）午後12時から20分間（工場では30分間）です。この時に受刑者が食事を終えた頃を見計らって職員が配ってくれます。事前に、「今日はアイスクリームが出る」と告知する時もありますが、告知がない方が多く、私はない方が好みです。

当所では、外気温が30度超えた日に給与しますが、週に1回が基本になっています。(ごく稀に週に2回の時もあり)。夏期の給与回数はK子ちゃん時代は3回、多い時で4回でしたが、Qちゃん時代になり、5回または6回と増えました。ですが、この物価高により、令和6年は回数が半減してしまいました。

他施設では、もっと多く出す所もありますが、内容は当所が最上という高い評価があります。

具体的にどんな物が出るか列挙しました。全て市販品です。

『ロッテ爽《そう》スーパーカップ』『同イチゴヨーグルト』『同チョココーヒー』『森永ジャンボチョコ最中《もなか》』『森永ピノ』『森永モウ宇治抹茶』『同プライム　バタークッキー&クリームチーズ』『ロッテ　クーリッシュバニラ』『同ベルギーチョコレート』『エッセルスーパーカップ超バニラ』『森永　パルムチョコレート』の他、『ティラミスアイスパフェコーヒー&チョコチップ入り』『カフェオレソフト』『氷いちご』『いちごシャーベット』『アイスミルク最中』『ロッテ　モナカ・バニラ』『明治　エッセルスーパーカップ　ブルーベリー&ヨーグルト』などです。

全国から移送されてくる受刑者たちは、口々に「ここのアイス、凄いですね」「こんな物まで出るんですか！」と喜悦の涙を流さんばかりでした。工場も部屋の中も、まさにうだるような酷暑のもと、たった1個のアイスクリームは身も心も一気に涼しくしてくれるのです。ただし、その効果は約30分間から40分間ですが。

同囚たちに、他施設では、どんな物が出るのかを尋ねたところ、「わけのわかんない氷菓です」「うーん、せいぜいガリガリ君ですか」「スティック状のアイスミルクです」という回答が多く、それなら当所のアイスクリームは堂々の三つ星だと合点がいきました。

九州のある刑務所では、1本20円くらいのアイスミルクが、大体2日か3日に1回給与されるとのことでしたが、「うまいとは思わないので、こっちの方がはるかにいいです」と話していました。私たち古株の受刑者はK子ちゃん時代をよく知っていますから、この内容と回数には欣幸《きんこう》の至《いた》りです。

様々な特色、旨さを持つアイスクリームの数々ですが、私を含めた同囚たちに超絶的人気があるのは、味、ボリュームともに『森永　ジャンボチョコ最中』でした。

この製品、社会でも尋常ならざる売れ行きで、雑誌で森永製菓の太田栄二郎社長の談話を読みましたが、最中が一層パリッとなるように、かつチョコレートの美味しさをアップさせたと語っていましたが、まさにその通りでした。この社長さん、人柄が顔に出ていて、菓子屋の大将らしい人物でした。太田社長は令和7年4月から会長兼CEOになられました。

次点人気は同じく『森永のモウプライムバタークッキー&クリームチーズ』、3位は『ティラミスアイスパフェコーヒーソース&チョコチップ入り』、4位は『エッセルスーパーカップ超バニラ』、5位はこれまた『森永　パルムチョコレート（スティック型）』でした。

## 自由のないことの貴重さ！

私はアイスクリームを食べる際に、いつも考えるのは、自由に買えない、食べられないということは、不便ではあるけれどアイスクリームの価値と効用を極大化しているのだなということです。

動《やや》もすれば自由の延長上には放縦《ほうじゅう》・放恣《ほうし》があり、人は往々にしてそのようになりがちな面を持っています。放縦・放恣は自らの行為や生活の意義と価値を見失わせ、自分の生のありがたみ、重みさえ失念させてしまうものです。いつでも己の意のままに自由に買え、飲食できることはその機会の貴重さも感じさせません。

このことは物質があふれ、飽和・飽食の世と喧伝されている現在では、一顧だにもされないことです。

もちろん受刑者の中にも、塀の中での限定されたこと、物に対して何も考えない者が多数派で、彼らにとっての服役、獄中生活はあくまで一時的な仮の姿、仮の世でしかありません。ゆえに、その自由や自己選択権のある人生を奇貨とし、尊いこととはせずに、また塀の中に戻ってしまうのです。自由が当然で価値に気付かないということ、これは社会の人、全般にも言えることでしょう。

私も社会で生活している時は、自由について、そのありがたみや価値を顧慮したことなどありませんでした。自由に選択できることが考えるまでもなく自明のことだったからです。そのため、何かを飲食するのでも、その物自体の美味しさ、いわば絶対的な味覚に合わせ、店舗、ブランドなどの相対的な価値を合わせたものが評価になっていました。しかし、服役してみると、限定された稀少性が、その食物の味覚を飛躍的に美味と感じさせる劇的な効用をもたらすことに気が付いたのです。

Qちゃん時代になり、日々のメニューにすら、それを感じました。社会の人からすれば何の変哲もないメニューでも、なんたる美味か！となったのでした。

それを思うとK子ちゃん時代のメニューは、これだけ限られた状況の下でも美味と感じたことはなく、どこまでひどかったのだろうかと、逆に感心してしまいます。私が虚心に回顧してもこのように評価せざるを得ない、彼女の職務とは、生き方とはなんだったのだろうと思いをよせても、偏執的に自己の狭量さに流された職業人生に空虚感を覚えずにはいられません。

社会の人にとっては、ある食品を年に1回ないし数回までに限定することは至難でしょうが、限られているゆえに心の底から「うまいっ！」という思いが湧いてきます。

その夏の風物詩、まだありました。

スイカです。これが毎年1回、夏期の昼食時に給与されます。大きさは、その年によりますが概ね、1個の8分の1、物価上昇となれば16分の1、さらには出ないこともあります。これも、「ああ、夏だなあ、うーん、美味だ」となるのです。

当然、しっかり冷やしていて、猛暑の日には、それこそ、砂漠にオアシスです。他では、メロンもありますが、毎年ではありません。スイカ・メロンは受刑者たちが社会にいたなら口に入らぬ物でもありません。そのような者たちにとって、服役は社会の一般的な生活・習慣に触れる、数少ない機会にもなっているのでした。

# 第6章

# 翹望《ぎょうぼう》される祝日の甘シャリ！

刑務所では特に甘味品が貴重になります。工場にて就業している受刑者は、処遇が3類《るい》以上になると月1回、2類は月2回、1類は月3回、作業報奨金から500円を払って、自費で菓子が購入できる制度があります。

買うといっても自由に選べるのではなく、官が一括で購入して配るのです。工場に出ていない者にはありません。飲み物はその月によって、缶コーラ、缶コーヒー、缶紅茶、缶オレンジジュース、缶ココアなどがあり、菓子類はチョコレート、団子、ロールケーキ、スナック菓子、菓子パンなどから何点か出されます。

昔々は、この購入部署の『用度課《ようどか》』のK課長が辣腕の人で、自ら買い付けに行き、本人曰《いわ》く、「土下座せんばかりに頼むのだぞ」という通り、途轍もなく内容が充実していた時もありました。

なるほど、刑務所というのは、どこまでも属人主義的な所で、人が代われば同じ予算なのにこれほどまでに改善可能なのか、とそのK課長のプロフェッショナリズム、受刑者への恩情と努力に頭が下がったものです。

私を含め、中堅のキャリア!?ベテラン受刑者らに、「何が喰いたい?」と自ら意見を徴し、勝手な受刑者らが口々に当時は決して口に入らなかった「ロールケーキ」「団子」「饅頭」

「エクレア」「シュークリーム」などと無理難題を言ったのにもかかわらず、「よしっ、やってみる」と今よりずっと少ない予算（350円）内で、ことごとく成就してくれました。シュークリーム、エクレアだけの予算ではなく、他の菓子、飲み物も含めてのことで、これは用度課長として、今にまで残る語り草、不滅の金字塔とも言える快挙でした。

K課長は、その以前は工場区の区長という、受刑者と直《じか》に接する工場担当者らのボスでもあり、受刑者の本質を熟知した刑務官でした。商才、マネジメント能力の高かった幹部らしく、途中で退官され自営業者に転進しました。なつかしい人の一人です。

それ以外で、私のように工場に出ていない者、これを「昼夜間独居《ちゅうやかん》」と称していますが、法律が改正されてからは「処遇上《しょぐうじょう》」と称しています。処遇上の受刑者は4類、そこで懲罰があると最低の5類に降格となり、6か月の無事故期間を経なければ4類にはなれません。

処遇上の受刑者が甘味品を口にできるのは、祝日に「祝日特別菜」が支給される時です。これは工場に出ている者にも配られます。私たちの間では、全国共通の『甘《あま》シャリ』と呼ばれています。

甘シャリには、菓子の他に、パン食の日に出される汁粉と煮豆もあり、全国共通語です。

そうして祝日に出される菓子、甘味品も甘シャリと呼ぶのです。これも受刑者が、「お待ちかね」のイベントになっています。

祝日の昼食時に通常の食事と共に供されます。一般的な刑務所では、ほぼ市販品です。予算が1人ぶん68円（令和4年までは60円）ですから、どの刑務所でも頭を捻《ひね》って？用意しています。この場合、受刑者数の多い刑務所ほど、社会の仕組同様に規模による経済によって購買力が比例して強く働きます。

具体的にどのような物があるのか並べてみましょう。最も無難でハズレがなく、受刑者に喜ばれる物は、昔なつかしい「かりんとう」です。これは質、量共に歓迎される一品です。どちらかといえば、黒かりんとうがいいとなっています。

他では、『ハーベストバタートースト』『キャラメルコーン』『カルビーかっぱえびせん』『日清シスコ・ココナッツサブレ』『ブルボンバタークッキー』『ハーベストミルクティー』『雪の宿』『カルビーさや応援どう』『サッポロポテトバーベQあじ』『ばかうけ』『オレオクッキー』等などが出されます。

これが一般的な刑務所ですが、当所は、この「祝日特別菜」は、紛《まぎ》れもなく日本一良い施設なのです。この評価は、全国から移送されるワルどもが、「うおーっ！」と叫んで発狂するくらいのクオリティでした。いや、これは大袈裟ではなく本当なんです。

そのルーツを辿れば、30年どころか40年以上も前になると、古〜い！ベテランチョーエキが教えてくれました。栄養士がK子ちゃんに代わって廃止となるかと思いきや、さすがにこれだけは廃止できなかったのです。

K子ちゃん時代の基本は1月の成人式の日、3月の春分の日、11月の勤労感謝の日に自家製の祝日特別菜が出されました。1月は大福2個、3月はドーナツ2個、11月は、おはぎ2個、全て自家製の、市販品より大型の品です。

と言っても、K子ちゃん時代の後半はサイズもシュリンクダウン傾向で、以前はなんとか伝統を死守し、なんとか同囚に冥福ではなく、福徳をもたらせてやりたい、という炊場要員たちの、平生からの涙ぐましい努力と「よっこ」がありました。

「よっこ」、前述したように、余分に取って保管しておくことで、ここは腕の？見せどころでネコババなんて言ってはならない、健気《けなげ》な同胞愛、義理人情でした。ところが近年は、この奉仕とバレたらアウトの「よっこ」をやる奉仕の精神は廃《すた》れ、往事の面影《おもかげ》はありません。

昔の炊場要員たちは、祝日特別菜の材料を日頃からストックし、当日は惜しみなく投じるのが伝統になっていました。ちなみに現在は炊場要員たちも、自分たち優先志向となったようで、〝特別〟とはなりません。

大福は、中に特製の甘い甘い、あんこがたっぷりと入っています。2個では物足りないのですが、そこに美味を決定づけるファクターが潜んでいるのです。効用逓減の法則からすれば、「もう少し食べたいな」で終わることは理想的でもあります。

11月のおはぎも秀作です。市販品より二回りは大きく、食べ応えもあります。私は超甘党でしたが、社会にいる時には、おはぎはごはんの部分がべたっとしていて、今ひとつで食指が動かなかったのです。

それが、ここでは、「なんだ、なかなかじゃないか」となり、以来、口福を享受しています。

普段、食べ慣れない物だけに、服役年数を重ねると共に、ボリュームを感じるようになり、少々寂しいものもあります。

## ドーナツ様だぜ！

3月のドーナツ、これは受刑者の人気ナンバーワンのまさに王者です。30年以上を閲《けみ》しても、その強さは不変で、あたかもボクシングの4団体制覇を2階級で、しかも同一の年内に成し遂げた井上尚弥のような圧倒的実力、パンチ力を誇っています。

これも、一時はシュリンクダウンしましたが、その後は炊場要員たちの努力と献身と喰い意地によって、日本の株式市場のごとく、見ごと復活、飛躍の途上にあるところです。

ドーナツとなると、マドレーヌと年ごとに交互に出される誕生会のドーナツもありますが、誕生会の方は、あん入りで重々しく、祝日特別菜のドーナツはあんなしです。早朝から、給与する昼食まで、炊場要員がせっせと油の匂いに塗《まみ》れながら揚げます。

K子ちゃん時代は、丸い生地を作り、真ん中の穴は型で抜いて揚げていました。喰い意地の張った受刑者が、「真ん中の抜いた部分は、どうして出さないのだ」と、幹部職員に面接願を申し出てクレームをつけた結果、真ん中の部分も丸い玉状となって一緒に給与されることになりました。

それを聞いた時、チョーエキというのは、「隴《ろう》を得て蜀《しょく》を望む輩《やから》なのだ」と改めて認識し、その生き方に失望したものです。ドーナツが給与されるだけで十分、その真ん中の部分がどうこうとは、想像を絶する思考でした。

このドーナツは、昔なつかしい駄菓子屋さんの、白いペラペラの紙袋に入れられて届きます。すっかり油を吸って、中のきつね色のドーナツと、たっぷり入った薄茶色の三温糖が、うっすらと透けて見えます。

社会では狂のつくドーナツフリークの私は、袋を手にして、「おお、今年も来たか、いらっしゃい！」の心境で、茶を用意し、紙袋を真ん中から大きく裂くのです。油が多いので広げた新聞紙（自費で購入できる）の上に紙袋を置き、リング状のドーナツをいくつかに割り、ごっそり入っている三温糖を塗《まぶ》しつつ、至福の時を迎えます。

ですが、『時間原理主義者』ゆえ、ゆっくり賞翫《しょうがん》することなく、迅速に処理します。この袋に入っている三温糖の量まで、コップで計量する者もいますが、それを見ると、とにかく自分の欲望しか考えないチョーエキだなあ、と改めて納得してしまうのです。

ドーナツを口にした折りの甘さ、満足感は、満ち足りている社会では感じられないほどのもので、脳内でドーパミンの過剰分泌、ベータエンドルフィンが出まくっている感があります。

## 凶悪犯さえ穏やかにしてしまうパワー

人間は、やはり動物なのだ、と痛感するのは、どんなに危険、陰湿な人間であろうと、甘い物を食べている時は、表情が緩み口調も軽快になるという事実でした。もっと厳密に描写すれば、共同室ならば、朝から何人もが、「今日の甘シャリは△△だな」と心待ちにしていることを隠しません。

世間では善良な市民に威圧感を与えている、刺青ばっちりのお兄イさんでも、その様子は無邪鬼この上なく、幼い頃は、こいつも可愛い時があったのだ、と自分のことはしっかり棚に仕舞って北叟《ほくそ》笑んでしまいます。

平生は渋面、顰《しか》めっ面《つら》、強面《こわもて》の面々が、ドーナッツの入った紙袋を、微笑を湛《たた》えながら開き、初めの一口を頬張ると、照れ笑いのような含み笑いから、誰かの、「うまいっ！」の一声で朗笑、さらには、ちょっとしたジョークに対しても呵呵《かか》大笑となり、部屋の空気も温かく和《なご》やかなものになるのです。

特に、良い物は良い、と素直に喜ぶメンバーが多い部屋では、ドーナッツの度を越えた甘さと満足感が高く評価され、LB級の塀の中の極悪と呼ばれている一同も、かつて一度はあったのであろう、幼き日の純真さを垣間《かいま》見せてくれます。

たっぷり入れられた三温糖を指につけて舐める者、最後は、お茶にザーッと入れて飲む者と、それぞれですが、こうして楽しく美味しい祝日を過ごすことができるのでした。

尚、ドーナツや他の自家製の祝日特別菜の出た日の昼食と夕食は、よほど若い受刑者、あるいは大食漢でなければ主食は減らすか、残すかになります。私などは、とても主食は入りません。これは市販の菓子の時も同様でした。

## このラインナップを見よ!

Qちゃん時代になって大革命となったのが、自家製の祝日特別菜の充実です。Qちゃん、この方面にも惜しみなく、プロフェッショナリズムと情熱を注いでくれています。私たちが、それまで夢として語ることさえなかった、殊玉の逸品が続々と繰り出されたのです!

K子ちゃん時代の自家製祝日特別菜は、前述したように1月、3月、11月の年3回でした。これがQちゃんの代となってからは、5月、7月、9月にも、自家製祝日特別菜が供されるようになりました。それどころか、どうかすると偶数月にも、自家製の祝日特別菜が出されるようになり、受刑者一同は狂喜乱舞せんばかりの有様でした。

具体的には、奇数月の祝日には、『利休饅頭』『大判どら焼き』『シュークリーム』『コーヒー饅頭』『サーターアンダギー(沖縄の菓子)』『ココア蒸しパン&レーズン蒸しパン』

『ピーチ冷やし汁粉』が給与されたのです。

この大いなる充実振りにつき、その内幕を調査したところ、発案者はQちゃんのみならず、炊場要員並びに炊場の担当職員とのことでした。K子ちゃんとは違って、Qちゃんが炊場要員や担当職員の提案を拒否することなく、やってみましょう！とフォローするということが、成果に結実しているそうです。

この点、２０２３（令和５）年の夏から秋にかけて、これまで例がなかった、『炊場要員連続３人作業拒否事件』があり、３人とも順次、私と一緒の運動となったので、直接「調査」をして確信を得ました。炊場要員が作業拒否をするのは、配属されたばかりの時に、あまりのきつさで「ケツを割る」こと以外は、人間関係です。

この時も、新たに加わったXという者が、これまで自分は何かあればすぐに喧嘩してきた、懲罰だらけで上等なんだ、と周囲の炊場要員を恫喝。我がもの顔でやりたい放題をしているので、毎日が不快になった、というのが作業拒否の理由で、別々に来た３人は同じことを吐露していました。

おまけにXは仕事もろくにできず、材料は指定通りカットせず、でたらめな仕事振りだということでした。こんな愚劣な者でも、官は明確な反則事犯、口論喧嘩にならなければ、Xを摘発することはできません。作業拒否してきた3人は、いずれも仕事のできる、真面目な受刑者たちでした。中には無期囚で十数年間も無事故で生活していた者もいて、私は憤慨したものです。

祝日特別菜に、ニューモデルを投入する際は、事前に品物と作り方のレシピを書いて、購買担当の用度課に申し出ます。これは、ほぼ問題なく通るそうです。と言って、いきなり本番とはなりません。何百人ぶんも失敗することはできないからで、事前にリハーサルをしておきます。このリハーサルは、自分たちの残業延長食作りの時を利用しています。

そこで、疎漏《そろう》なくできれば本番に向けて、ゴーサインが出ます。炊場要員たちは自分たちが、種々の本、雑誌で見た物を実現できるようになり、モチベーションも一気に上がったと話していました。こんな物が食べたい、という欲求が実現できるのですから、宜なる哉でした。

他方、私たち一般受刑者は、毎月配られるメニュー表に、祝日特別菜として、見たことがない名前が記《しる》されていたならば、「これは何だろう!?」と、期待感が日を追う毎に高くなります。

**どらやき、蒸しパン……、サーターアンダギー、何それ!?**

饅頭、どらやき、蒸しパン、冷やし汁粉は、なんとなく推測できるものの、社会常識に乏しい集団なので、「利休饅頭って何？」「サーターアンダギーって何？」「月餅って何？え？つきもちでなく、げっぺいって読むのか。で、何？」という状態に陥《おちい》ります。

特にサーターアンダギーなんて、沖縄の人しか知らないような物までありましたから。やがて、祝日となり、首をキリンのごとく長くして待ちに待った品が、なんとなく恭《うやうや》しい姿を現わします。その途端に期せずして、「おおっ、これか。でかい！」「うまそう！」となるわけです。

大体の品は、社会で売られている物より大振りで、ボリューム満点です。刑務所では、「質より量」が第一条件になっています。長く長く務めて胃が小さくなって量を食べられなくなる者もいますが、その時は食事を抜いて、特別菜だけ食べるのです。

**えええっ！シュークリームだってえ、利休饅頭もか！**

祝日特別菜が給与される日の昼食は並《おしな》べて、普段よりシンプルにしてあります。私のような無期囚の中には、20年30年40年、中には50年、他の施設と合わせて60年も服役している猛者《もさ》もいて、生きている間に二度と口にすることができない物が出ると感激もひとしおです。

最初にシュークリーム!を見た時は、再び食べることはないと考えていたので、「ほお!」と瞠目しました。自家製のシュークリーム、パティシエでもないのに、かなりハードルも高かったでしょう。

シューは大丈夫でしたが、カスタードクリームは緩くて半ば液状になっていましたが。それでも食べた時には感無量でした。失敗のクレームが多かったのか、次に出ることはなくなりましたが、是非、トライして欲しいものです。

きっちりレギュラーとなったのが、5月5日の子どもの日に賜る利休饅頭です。直径12センチ強、厚さ3センチのあん入り饅頭が3個出ます。茶色の外皮とあんのハーモニーが、なんとも言えない美味しさでした。

このような祝日特別菜が出る日のお茶は、日常の「ケ」と違って非日常の「ハレ」スペシャルで、本来の味が濃厚な逸品が配られるので、饅頭の味を、より一層引き出してくれます。

3個ですから私は食事抜きです。昼食どころか、夕食も手を付けません。腹七分、八分なので、それでいいのです。この利休饅頭、刑務所の物産展があれば出品して販売できます。受刑者たちは、これを頬張り、法悦境《ほうえつきょう》に浸るとなるわけです。法悦という比喩は大袈裟ではありません。平生から甘味品に飢えている身だからこそ、満足度が高くなるのです。同じ物を社会で食べても、こんな気分にはなりません。

従来、1月は大福が出ていましたが、令和の世に入ってからは、月餅に代わられました。薄い外皮の中に、あんがぎっしり詰め込まれています。もともと中国の菓子ですが、当所のそれは厚みがあり、ふっくらとしています。

## 猛暑の中で悪戦苦闘のどらやき

大福も捨て難いですが、新参者のアドバンテージか、同囚の間では月餅が人気のようです。このまま、1月の顔、レギュラーとして定着するのかは不明ですが、年間を通したレギュラーには定着して欲しい実力を持っています。

月餅と同じく、実力を誇るのは、どらやきです。どらやきと言っても当所のどらやきは巨漢です。当初こそ直径12センチ程度でしたが、令和5年には、とうとう直径15センチ、厚さ3センチ強の巨大どらやきが2個となり、刑務所内を唖然、呆然、騒然とさせた兵《つわもの》です。

これには、大概のことでは驚ろかない私も、「ほおお!」と嘆声が出ました。いやあ、でかい、でかいで、食べ応え十分以上でした。皮も厚く中のあんも、ぎっちりと入っています。皮の焼き加減、焼き色も絶妙で、あたかも老練の和菓子職人が作った物ではなかろうか、と感じたほどでした。

特製の祝日特別菜用の濃いお茶とのコンビネーションも秀逸で、口も根性も悪い受刑者たちを唸らせ、愉悦の情をかき立てていました。従来のどらやきのイメージを一新し、インパクトということでは近年にないものでした。

このどらやきには後日談があります。製作者と一緒の運動になり、その製作の一部始終を「取材」できたのです。これを作った「職人」は、当所では若者に入る30代後半のPさんでした。彼は今の炊場のXによる剣呑な雰囲気が、いやで、職員が太鼓判を押す模範囚だったのに、作業拒否して炊場からドロップアウトしたのです。

炊場から来たというので、いろいろ話をした折り、私が、「夏のどらやきは、とんでもない逸品だったね、あれは素晴らしいの一語に尽きる」と絶讃したところ、Pさん、破顔一笑し、「あれは自分が作ったんです。そのように言われると、苦労した甲斐がありました」と喜んでいました。

製作の過程を詳しく「取材」したところ、外皮を単独で焼き上げたとのことでした。当所は約210人ほどの小さな施設ですが、予備のぶんも含めると、大体250人ぶん作ります。


1人にどらやき2個ぶんで4枚の外皮が必要なので、250人ぶんで1000枚もの外皮を、たった5枚のフライパンで前日から焼き上げたのでした。Pさん1人での仕事です。

実は私、少し前までは、手製の祝日特別菜というのは炊場要員が全員揃って十数人で拵《こしら》えるとばかり考えていました。ところが、これだけの物を作るのに人員は多くて3人、普通はたったの2人とのことで思わず感嘆の声が洩れました。

「たった、それだけの人数で作るのかい」と尋ねた私にPさんは「そうです」とこともなげに答えました。「それじゃ、大仕事だね」と言うと、「そうなんです。炊場にはエアコンは入っているんですが、焼いていると暑くて暑くて汗びっしょりでやっていました」と笑っています。

「皮の焼き加減が良く、色も均質でシャバネタ（社会の市販品）にも、引けを取らないよ」と言うと彼は「いいえ、もっとうまく焼かなくちゃと、焼いている間、いろいろ試行錯誤していました。次なら、もっとうまく焼ける自信があったんですけど」と、今回の作業拒否を無念そうに話してくれたのです。

それにしても2日がかりで1000枚の皮を焼き上げる苦労には、頭が下がります。「また真面目にやっていれば、Pさんのことだから炊場に行けるでしょう」と向けると、件《くだん》のXがいる限りは行きません、ときっぱり言い切ったのです。

Pさんは、どう考えても塀の中の住人になるようなタイプではありませんが、どこかに闇を抱えているのでしょう。それにしても、Pさんのどらやきは、稀に見る秀作でした。

## まだまだ、あるぜ！

この他に自家製の祝日特別菜で人気があるのは、これまたニューフェースのサーターアンダギーです。これは大きさはピンポン玉くらいで、ちょうどドーナツの真ん中を刳り貫《くぬ》いた物を揚げた、というイメージです。真ん丸ドーナツとも言えるでしょう。

これが、駄菓子屋で菓子を入れてくれる、白い紙袋に12個か13個（年によって異なる）入っています。これも、どらやきに勝《まさ》るとも劣らないボリュームです。このルーキーも大変な実力を持っていました。

昼食時に渡された紙袋には、ドーナツの時と同じく揚げ油が染み込んでいて、中のサーターアンダギーが透けて見えます。その量たるや紙袋の圧倒的な膨らみでわかります。

この日、日頃は大喰いを自称する連中も主食の麦メシは残すのが普通です。他施設から来た、多くの同囚が、「サーターアンダギー、凄いですよね。あれを喰ったら、とてもじゃないですが、メシは入りません。昼どころか、晩飯もダメでした」と伝えてくれましたが、私も同様です。昼食のみならず夕食だって食べる気にはなりません。

味はドーナツと同じで、砂糖がついていないだけです。これも口に入れると気分が昂揚します。私は、ゆっくり食べていられないので、さっさと食べてしまいますが、腹八分となれば何個か残り、それを夕食時にやっと処理し、食事には手をつけないのがセオリーでした。

サーターアンダギー作りについては以前、炊場要員が所内紙に俳句を投稿していて、タネを人力で、約3000個も丸めることを伝えていました。これも多くても3人で作るそうです。1人12個として、予備のぶんを入れて250人ぶんなら3000個もピンポン玉を作らなければなりません。これまた大変な苦労です。

ある情報によれば、その苦労を知った所長が、そんなことはやめてしまえと指示し、令和5年のある月の自家製の祝日特別菜がなくなり、市販のスナック菓子となりましたが、受刑者も、炊場要員も復活を熱望してなんとか継続になっています。

炊場要員みんなでやればいいのにと思うものの、通常の食事の用意もあるので、そうはできないとのことでした。そうしたハードワークの持ち場なので、選ばれて配属されても、「きつい！」とケツをわる（作業拒否。懲罰となる）者が少なくありません。

刑務所は懲役刑なので、身体上、知能などの正当な理由がなければ指示された作業をしなければならないのです。ただ、模範囚になれば、希望の部署に異動することもできます。

祝日特別菜、ココア蒸しパン&レーズン蒸しパン、隠れた？ 私の好物です。これは市販の蒸しパンに近いですが、大体8センチ×6センチ×厚さ5センチ前後の物が4個出ます。なかなかのボリュームです。

ココアもレーズンも良品で、お茶と共に心を和ませてくれます。受刑者たちは、これを食べれば満悦の体？です。誕生会のマドレーヌの応用ですが、上手に作っていると感心するばかりです。

この祝日特別菜の予算は令和4年まで1人60円でしたが、『めざせ！ムショラン三ツ星』（朝日新聞出版）によれば、令和5年に68円になりました。尚、この書は初めて管理栄養士が著わしたもので、興味深い一冊です。是非、一読されることをお薦めします。

当所の炊場要員には他の施設、短期刑務所の炊場のように、社会で調理師をしていたという者はいないのに、大変な努力の末に作っています。これくらいシャバでやってれば塀の中に来ることはないのにな、とみんなで笑い合うほどです。

そんな祝日特別菜でしたが、この物価高により、令和6年度からは、総じてシュリンクダウンしてしまいました。経済にとっては健全なことでも、受刑者たちにとってはなんとも罪作りなインフレです。

## 圧巻の大物！

自家製祝日特別菜で、令和5年にメガトン級のパンチを放ったのは、コーヒー饅頭でした。プロトタイプ、原型は利休饅頭で、大きくモデルチェンジをしています。

直径は約8・5センチ、厚さ3・5センチ、マイク・タイソン（古い！）を彷彿《ほうふつ》させる褐色の肌は鈍い艶と、コーヒーの芳香をブイブイ放っていました。これが、なんと3個と贅沢な品になっています。

持つと、手にずっしりと重みを感じるくらいにあんが詰め込まれています。渡された瞬間、その雄姿、威容《いよう》から直《ただ》ちにタダモノではない！と喝破したほどでした。押し出しの迫力は、「どうだ、来るなら来いや！」と挑発しているようでもあります。

「よっしゃ、それじゃ受けて立とう！」と勇を鼓《こ》して手を伸ばしました。口元に近付くまでもなく、コーヒーのアロマで周囲を包みます。社会で、ついぞコーヒーを口にしなかった私も、今ではすっかりコーヒー好きのおじさんになりました。

利休饅頭の皮をコーヒーで練り込む、という創作魂に敬意を表し、「では、」と一口齧《かぶ》りつきます。「おおおっ、これぞ、まさしくコーヒーの味」と、アロマが私の高い鼻の鼻孔を直撃しました。これはあの一世を風靡したタイソンのパンチだ、という衝撃と美味しさに、抵抗虚しくノックアウトされたのです。

これも、みっしり入ったあんと、外皮の奏でるハーモニーがなんとも言えない至高の一品となりました。いやはや、腹が満ちるのは言うまでもなく、この日も昼食、夕食は抜きでした。

このコーヒー饅頭、カフェインの威力で、パン食時のコーヒー同様、私をフクロウに変え、眠らせてくれませんでした。また、受刑者にもいろいろな者がいて、「あれは良かった！」という声もあった反面、味の濃さか、ボリュームか、「改善の余地あり」とのクレームもあったとのことで、次回に給与されるのか、懸念が広がっています。

自家製の祝日特別菜、この他にプリンシリーズも大人気で、めでたく?祝日菜からスピンアウトして、年に3回か4回、パン食時に、また2回ほど正月のメニューに加えられました。


**なんと、おまえさんまでもか、プリンよ！**


プリン、これも珠玉の一品で、なによりもボリュームが違います。社会で売られているプリンなら2個か2・5個ぶんの量があります。

油断して他の食事を完食するものなら、そのボリュームは満腹地獄へ直行です。私は満腹地獄への招待は、いつも丁寧にお断りしていますが、受刑者の大半は違います。しっかり招待に応じて苦しむのです。

何手か先を読めば、どうなるのか明々白々なのに、目先の欲望に抗《あらが》えず、地獄の客となってしまいます。ここが、刑務所リピーターの所以《ゆえん》です。

このプリン、プレーン、ミルク、ココア、紅茶、姉妹品にコーヒーゼリーがありますが、どれも実力派でした。夏の暑い時のプリンは、腸を冷やしてくれ（これ自体は健康に悪し）、一時《ひととき》の涼を誘ってくれます。

　子どもの頃、市販のプリンの素で、よくプリンを作っていた私としては、なつかしくもあります。あの時は添付のカラメルソースも大好きでしたが、当所のプリンにも大量に入っていました。

　子どもの頃、かの不二家の『プリン・ア・ラ・モード』も愛好していたのですが、あのプリンの味より、市販のプリンの素の味に近いです。どっちも私にとっては大満足の味ですが。

　振り返ると、よくぞプリンを出してくれたものぞ、と感心しないわけにはいかないくらいの快挙でした。プリンといえば、私も含めた受刑者の評価で唯一の？がピーチプリンでしたが、桃は好物なのにピーチプリンとなると、はてなとなりました。しかし、炊場要員、職員の安打率は高く、ほぼパーフェクトであることを記《しる》しておきましょう。

　他、フルーツケーキ、マフィンともに出色の出来ということも付記しておきます。これだけ祝日菜の充実した施設はなく、当所の私たちは、ろくでなしの癖に果報者です。残念ながら、そう考える者は10人に1人もいないのですが。

## 塀の中のクリスマス

毎年、早ければ、11月末、12月初めには恒例のクリスマスソングを耳にすることになりますが、皆さんのクリスマスの〝推し〟の1曲とはどんな曲でしょうか？

不肖、私の一曲は辛島美登里《からしまみどり》の『サイレント・イブ』しかありゃしません！クリスマスソングを耳にすると、世間から『鬼』『人でなし』『悪魔』と嫌忌されているLB級刑務所の受刑者たちも、子どもの頃のなつかしさを想起する季節です。

世間の常識から外れた人生を送っているのが定番なので、成長してからは、クリスマスらしいことは、正月と同じくやったことがない、そんなことすら思いつかない、そもそもクリスマスだから何かをするという発想・習慣がないのが受刑者です。

刑務所という所は、その点で世間の常識・正統なる⁉文化・習慣を体験させる「体験学習」の場でもあります。1月から始まる各種の文化・風俗・習慣につき、余す所無く経験させせます。

そのため刑務所にいるほうが、一般的な生活が体験できるという者が多いのです。そうしたイベントの中でもビッグなものが、クリスマスディナーでした。クリスマスが「ハレ」

であり、日常とは異なる晩餐《ばんさん》を味わうことは受刑者にとっては稀なことなのです。

当所では12月25日を超えない、直近の水曜日から金曜日が、その晩餐の日になります。稀に25日が火曜日ならば、金曜日と同じパン食の日に該当するので、晩餐となることもありました。

受刑者に対して何かプレゼントがあるわけではありません。プレゼントなら、それは夕《ゆう》餉《げ》、晩餐時の食事に尽きます。社会にいた時のように、家族、部下、若い衆らとピンドン（ドン・ペリニョンのピンク）で盛大に乾杯とはなりませんが、塀の中でも非日常の「ハレ」を感じることは可能です。

長期刑務所の凄さは、基本レシピが、30年40年50年経っても不変だということです。永遠のマンネリとでも言うのでしょうか、これが全て変わらない構成になっています。

大前提として、いつものコッペパンにジャム、その時によってコーヒーか紅茶が出ます。自家製の飲み物がクリーム色のポリプロピレン製のコップに２００ccです。おかわりはありません。

そうして受刑者お待ちかねのメインディッシュは、昔々から鶏腿《とりもも》のロースト、これにサラダ、近年は当所特製のコールスロー（これは美味！）が付いてきます。鶏腿も当所でローストしています。

## これぞ、至上の味、クリスマスケーキ

さらに、これまた受刑者が喉から手が出るくらいに渇望するクリスマスケーキ1個が供与されるのです。はい、これでラインナップは出揃いました。「えっ、たった、それだけ!?」と感じた人は少なくないでしょう。

はい、たった、それだけなのです。ですが、この鶏腿とケーキのインパクト、受刑者にとっては約6500万年前の白亜紀にユカタン半島に巨大隕石が衝突したくらいの衝撃になります。

ケーキが出るのは1年に1回です。他所では出ません。それだけに、どれほどの価値があるか、自由を享受している人には、観念としてわかったとしても実感はできません。

私は社会にいた時、ドーナツと共に、こよなく愛したのがケーキでした。どこそこに極上のケーキがあるとわかれば、大嫌いな飛行機に乗ってでも食べに行くほどのマニア、フリークだったのです。

筋トレの鬼でもあったので、大食漢で、直径30センチのホールケーキなら丸ごと1個を

完食し、さらに「さすらいのパフェミアン」でしたから、チョコレートパフェも口直しに2つ3つ、やっつけるレベルでした。

その私が至上のケーキと感じたのは、K子ちゃん時代に給与された、市販の小さな小さな、3口で食べ終わる生クリームのショートケーキだったのです。そのケーキ自体の絶対的評価は低いものでしたが、1年に1個というスーパーレア物《もの》ゆえ、その口福感、情動の揺れは振れ幅が大きく、稀少性という本体以外の付加価値が躊躇なく、至上のケーキの称号を与えるに至ったのです。

また、小さな頃から肉食の私からすれば、鶏腿は美味ではありますが、至上とは言えないレベルでした。むろん、味わい深い一品であることは否《いな》めませんが。それでも、このクリスマスディナーを堪能した際の気分は、それまで社会で、「満足は己の敵」としてきた私にとって心の平穏《アタラクシア》とは、どのような精神のあり方なのか、に対するヒントになりました。

こんな物は社会でなら、もっとこうだ、という思考は自らの欲求を満たすことなく不満を膨らませるだけです。ここが全て、ここここそ自分の世界と達観すれば、ある物で十二分に満足できると知り、私が変わる転機にもなりました。

ふと我に返ると、こんなちっぽけなケーキで至福だなんて感じるようになった自分は情けないものよ、という思いも脳裏に去来したものの、所与の境遇の中で常に最善を尽くす、最善がダメなら次善を、と生きてきたので、これでいいのだ、と今は得心しています。

K子ちゃん時代、どこをどうしたら、こんな小さなケーキを購入できるのだろうか、と苦笑していたものです。他施設から移送されてくるワル共も、「小さ過ぎ、初めて、こんなの」と嘲笑しつつ、食べていました（文句言うなら喰うな！）。

それでもクリスマスディナーが終わると、私は豊かな心境になり、その1年の来し方、あと少しで今年も終わるな、と毎年のルーティンに安堵するのです。私は自分の努力でどうにもならないことは、望まない欲求を持たないと縷述《るじゅつ》してきましたが、クリスマスディナーについても同じ態度で、不満はありませんでした。

そうして、我らのQちゃん時代が到来したのです。Qちゃんの代になってもクリスマスディナーの基本的枠組み、構成は不変でした。パン食の日に、パン、ジャム、コーヒーか紅茶、野菜サラダの代わりにコールスロー、鶏腿ローストにクリスマスケーキ、不動の鉄板メニューです。

## クリスマスに革命勃発!?

Qちゃんに代わってからの2年ばかりは、K子ちゃんレシピを踏襲していました。私は不満もなく、これが定番なのだな、と納得していたのです。しかし、Qちゃん、自分の色を出さずにいられないのか、はたまたプロ意識か、改革に動きました。

とは言っても、基本構成は変わりません。いわばマイナーチェンジですが、野菜サラダが、シャキッとコールスローになり、鶏腿のローストが照り焼きにリニューアルし、格段に味が良くなりました。同じ材料でもこんなに違うのか！というほどに美味になったのです。これには受刑者一同、頤《おとがい》を解くほどに喜びました。私もその一員です。

クリスマスケーキについても市販品でしたが、大きくなり、かつ、生クリームにチョコレートもトッピングされるようになり、満足度はロケットのように急上昇したのです。やればできるのだ、相応の力がある人がやれば！　の良き見本でした。

この鶏腿の照り焼き、尋常な旨さではありません。おまけにこれも大きくなっています。Qちゃん、なんとわかっている人でしょうか。もしかしたら、以前、刑務所に入っていた人と付き合っていたんじゃないのか、とさえ妄想を逞《たくま》しゅうしてしまいます。

おお、クリスマスディナー、よくぞ改善したもんだ、と快哉を叫び、例年恒例のラジオから流れてくるクリスマスソングの数々を耳にすると、あと少しだな、とマライア・キャリー、たつろう、そして、年によって1回くらいは流れてくる辛島美登里の曲を胸奥で唄っていました。

そうして令和の世となった年、さらなる革命が起こったのです！この革命は私にとっては鎮西《ちんぜい》八郎為朝《ためとも》の八人張りの強弓の矢で、心臓を射抜かれたほどの衝撃でした。

やる気マンマンの職員の発案によって、なんと、クリスマスケーキが、メゾン、自家製となり、一気に巨大化、味も大きく向上したのです。これを壮挙、快挙と言わずして、どうしましょうか!?というほどでした。

直径13センチ、深さ4センチの丈夫なペーパー製の丸型容器に焼かれたケーキが入っていて、生クリームの量も、以前の3倍以上となっています。

深さ4センチまで、ぎっしりとスポンジケーキ、その上に生クリームが山盛りで、食べるのにも一苦労、嬉しい悲鳴が、あちらこちらから飛んで来ました。

このスペシャルなケーキは、スプーンで食べます。かなりのボリュームで、もうパンなど悠長に食べてる場合ではありません。と言っても、多くの受刑者は喰い意地がそのまま生き長らえているという存在なので、「腹が苦しい」と唸りつつ、がっついているのです。さながら地獄の餓鬼を想起させるものでした。

　このケーキ、スポンジもしっとりしている上に生クリームも上手に作っています。うーん、大した腕だ、と感心すること頻りでした。

　おかげで、クリスマスディナー攻略作戦が確立され、親切の権化の不肖、私は「クリスマスのメシ、どうですか？」と尋ねてくるルーキーたちに、「最高だよ」と答えつつ、正しい味わい方を伝授しているのです。

　正しい味わい方とは、いかに美味な物でも腹が膨れてから食べるのでは、ケーキの持つ旨さ、炊場要員の奮闘が伝わらないので、食べる順序を、よくよく弁《わきま》えよ、ということに尽きます。

「えっ、そうなんですか!?」という者たちに、「パンから食べる奴はトウシロ（素人）だ。何より鶏腿からだ。コールスローくらいなら入るだろうから、どっちでもいい。そして、鶏腿を堪能したらケーキに移ること」と「秘伝」を伝えているのです。

「そ、それが正しい食べ方ですか、師匠っ！」「そうだ。我が弟子よ、30年以上のキャリアが編み出した秘伝なのだ。慎んで実践すべし。きっと至福のクリスマスを感じられるであろう」と厳《おごそ》かに申し伝えているのです。

服役10年15年以上を経ると、50代60代以上の受刑者は、以前のようには食べられません。胃が小さくなっているからです。それなのに喰い意地が張っているので無理にでも詰め込み、結局、吐くか、体調を悪くします。

それでも学習能力がないので、失敗から学びません。次も同じ失敗を重ね、ほぼ永遠に同じことを繰り返すのが、塀の中に何度も戻ってくる受刑者の習性なのです。

美食家のブリア・サバランは、「空腹こそ最高の調味料」と至言を遺《のこ》しましたが、身をもって体験した次第《しだい》です。また私は勉強・読書・原稿書きを日課としているので、腹七分、八分が限度です。空腹の方が捗《はかど》るので、そのように実践しています。

おかげで美味なる物は、より以上に美味に感じるようになりました。今も、ここで口にするクリスマスケーキが至上の味と感じています。その時、パンは全く食べなくなりましたが、気分は快いものです。

辛島美登里の『サイレント・イブ』に、本当は誰もがやさしくなりたい、という一節がありますが、たとえ塀の中であろうと、ここが己の世界、全てだと迷いもないので、そんな気分になるのも理解できます。

これが社会にいたならば、自らの努力と能力で自由にできるぶん、こんな心境にならないであろう、と考え、己の未熟さ、「バカは死ななきゃ治らない」という古人の格言を実感するばかりです。

自分に選択権がない、与えられた物しか口に入らないということは、食物の意義、価値を膨張させると共に、『足るを知る』の精神を教えてくれました。それにしても、塀の中で食べるクリスマスケーキと鶏腿の味は筆舌に尽くし難いほどの味でした

## さあ、来たぞ！盆と正月が一遍に！

「刑務所の食事はイベントです」というのは同囚の言葉ですが、言い得て妙でした。その通りとしか言えません。特に当所のように量子力学的にクオンタム・リープで向上した刑務所では、まさに1回毎の食事がイベントになっています。

そのイベントの中でも最大最上至高のイベントが、世間で、「盆と正月が一遍に来た」というレトリックに相応しい、大晦日と正月三が日の御馳走です。

これは全国の刑務所共通であり、日頃、内容の悪い施設であろうともましなメニュー内容になります。当所のK子ちゃん時代でさえ、他施設よりぐっと劣るものの、通常よりグ

レードアップしていました。

年末年始のメニューは、基本的にクリスマスと同様に大きな骨格が定められています。御馳走三昧のスタートは12月31日の大晦日の夕餉《ゆうげ》からです。当所でも40年以上、その骨格は継承され続け、一部にマイナーチェンジがあるだけでした。

では、受刑者たちが、「さあ、来たぞ！盆と正月が一遍に！」というメニューを紹介しましょう。大晦日の夕餉の始まりは、休日ゆえに午後4時過ぎからになります。

まず配られるのは、紙製の箱に詰められた「折り詰め」、羊羹、和菓子など4点の入った「口取り」、「海老グラタン」、「紅茶プリン」、「緑茶のティーバッグ1袋」年越しのカップ麺「どん兵衛」です。

K子ちゃん時代は、グラタンの代わりに市販の茶碗蒸しで、プリンはありませんでした。そして、いつもは、このタイミングで正月の菓子4点配られますが、令和4年からは菓子だけ12月29日の昼食時に渡され、三が日が終わるまでに食べよ、と指示されます。就寝時間中に食べることは禁止、三が日を終えて部屋の中に残しておくと、反則事犯で懲罰となります。

最近は見ませんが、正月の御馳走を食べきれず、隠し持っていて見つかり懲罰となった同囚者もいます。これは刑務所内でも恥ずかしい反則行為の一つです。

三が日が終わり、作業が始まる日、必ず職員による「居室《きょしつ》検査」、警察で言うところの「家宅捜査」、「ガサ入れ」が入ることになっています。これは受刑者の手荷物を調べるということで、概ね、抜き打ちで月に1回ないし2回実施されるのです。この時に本来は所持してはいけない物を持っていると規律違反で懲罰となります。

正月の菓子、甘シャリが12月29日配られるようになった理由は、三が日の御馳走で、菓子が食べきれない者が多数いるからです。

それだけ、日常の食事とは量も質も段違いになり、普段のペースで食べたならば、空気を入れたカエルの腹のような状態となり、吐く者、腹を壊す者もいますが、それでも卑しい者が多いので食べ続けるのです。ローマ帝国の貴族が吐いてまで食べ続けたごとく、飽食の3日間となります。

令和6年の1月に私と一緒の運動になった同囚が、正月の御馳走につき、私が残すことを知り、「吐いたり、下痢したりするのに毎年食べてしまう自分が情けないです」と語っていましたが、そう思うだけ、彼は「まし」でした。

正月の菓子については、次の通りです。

「令和５年12月29日に配られた令和６年の正月用」
『ブルボン・アルフォート、ミルクチョコ＆リッチミルクチョコ、ファミリーサイズ』（17枚入り）
『不二家カントリーマアム、チョコクッキー、バニラ＆ココア』（今だけ！増量！20枚入り）
『ロッテ、トッポ』（２袋入り）
『ばかうけ、青のり、醬油味』
その前の年は、『カントリーマアム』は同じでしたが、他は次の通りです。
『うすやきサラダ』（せんべい）
『ユナイテッド　バター＆スカッチ』（あめ）
『キットカット』（13枚入り）
　本来の定番は、『トッポ』ではなく、あめ玉でした。『トッポ』は、ボリューム的に不評、『ばかうけ』も今ひとつという評価です。受刑者に受けがいいのは、私も好きな『カントリーマアム』と『キットカット』です。『アルフォート』も、なかなかの評価でした。
　これらと、御馳走を三が日の間に「処理」しなくてはならず、一定の計画性と戦略性に欠けている者は、腹を壊す、吐く、美味を堪能できない道を歩むことになります。

服役して1年2年のビギナーでも、三が日で、完食するのはよほどの大食漢でないと厳しいのです。なんと言っても「盆と正月が一遍に来る」のですから。

折り詰めは、27センチ×18センチ、高さ4センチの紙製の箱に、プラスチック製の仕切りが付いたトレーに詰められたお節が入っています。これも年によって部分的にマイナーチェンジがありますが、折り詰めだけなら小食の私でも完食できる量です。

ただし、大晦日の晩餐から銀シャリ、米だけの白いご飯になりますが、私は一切手をつけません。これに手をつけたら腹いっぱいになってしまうからです。銀シャリ、塀の中の白米は質が悪いのですが、それまで麦メシだったので、真っ白に輝いて見えます。

普通なら白米100％なので受刑者たちは喜びそうなものですが、意外にも評価は高いとは限りません。その昔、私が務め始めた頃、既に20年ばかり務めていた先輩受刑者が、「銀シャリだからって嬉しくないよ。いつもの麦《ばく》シャリの方がいいなあ」と言っていました。

少し虚勢も入ってるのか、天《あま》の邪鬼《じゃく》なのかなと思ったのですが、何年かすると自分もその通りとなり、なるほど、このことか、と得心した次第です。また、社会と離れてから間もない受刑者も、「シャバの米の方が、うまいです」と洩らしています。

喜ぶのは、数年を経て十数年になるまでの者、麦メシ嫌いの者です。白米の炊き方も巧者でなければ、べちゃっとしてしまうので、これも人気のない理由の一つになっています、折角の「ハレ」の日の銀シャリですが、なにか気の毒、哀れに感じます。

その折り詰めですが、私は長い間、シャバネタ、社会の市販品、仕出し屋か弁当屋から買っていると思い込んでいましたが違ったのです。炊場では12月に入ってから、紙箱にプラスチックフィルム製の仕切りのプレートをセットするところから始めていました。

「えっ⁉違うの！炊場でセットしてるのかい」と驚く私に、炊場要員だった受刑者が、「そうです。12月に入って10日くらい経つと、年末年始の準備を少しずつやっていくのです」と教えてくれました。

「すると、折り詰めの料理も作り始めるのかい？」「いいえ、あれは全部ジャバネタで、一品ごとに大きなビニール袋や、容器に入って届くのを、自分たちが一つずつ折りに詰めるんです」２００人以上の折りを大晦日の朝から超特急で詰めるのです。これを知った時、「ほおお」でした。

どんな物が詰められているか列挙しましょう。人気は「鶏肉焼」「海老チリソース」「豚角煮」の御三家です。量は、それほどではなく、極小の小鉢一つぶんというところです。

続いて「伊達巻き」「かまぼこ」「昆布巻き」「黒豆」「枝豆」「肉団子」「栗きんとん」です。この品数は、その年によって微妙に変わり、本年（令和6年）は少ない方でしたが、大体こんなレベルです。私のように長く務めていて胃が小さくなった者には程良い量ですが、そうでない者には「物足りないです」でした。

## 大晦日の食事作法

私の場合は、大晦日になると、朝食、昼食は、ほぼ食べません。理由は29日に配られた菓子、甘シャリを29日、30日、大晦日の午前中に「処分」することと、大晦日の晩餐に合わせて胃の中のスペースを空けるためです。

満腹にはしない、が大鉄則なので、きっちりと空けとかないといけません。菓子を食べるのは、29日は午後4時の夕食時まで、30日と大晦日は午前中のみに決め、それ以外は口にしません。

菓子が元旦以降に残っていれば、三が日の食事は、常に胃に何かが、しっかり入った状態になるので不快なのです。令和6年の正月は、これまでで最も食べませんでしたが、それでも大変な御馳走で、口福でした。

30代の受刑者は菓子を3日まで食べ続けていたので、三が日の御馳走は、苦しい中、腹中に収めたと苦笑いしていましたが、ビギナーは、そんなものです。

それくらい普段の食事とは質も量も違うのです。大晦日の昼食時に、みかん2個（唯一の果物）が配られても、この時に片付けます。私、子どもの頃から教師や親、周囲の大人から、「準備の○○ちゃん」と呼ばれていたほど、備えがいい子でした。

折り詰めを頂く際、銀シャリは一切食べませんが、受刑者たちは食べて、きつくなった腹にグラタンも詰め込みます。御馳走だからといって、腹いっぱいなのに食べるという在《あ》り方は、人として尊《とおと》いものを失っている、というのが若い頃からの信条なので、私は毛ほども執着、未練はありません。

そうして、自家製のグラタンをありがたく腹に収めます。これはチーズの味がしっかりとついていて、なかなかの逸品です。令和6年の正月は炊場要員の中にコロナ感染者が出てしまい、大幅に人員が減ったので、その結果、なんと大晦日の紅茶プリンがなくなってしまいました。

ああ、残念無念！でしたが、2月14日のバレンタインデーに、しっかり給与となったのです。〝やるなあ、Qちゃん〟でした！

お茶は大晦日の夕飾と、1月2日の昼飾の時のみ、緑茶のティーバッグと、いつもの保湿ポット（1リットル入り）に湯が入って配られます。

緑茶を口にできるのは、この時だけなので、その味わいも極上となります。社会にいた時も、私はお茶フリークで、鉄板は虎屋の羊羹と玉露のコンビでした。ティーバッグのお茶を楽しもうとしても、あとで食べるカップ麺の湯も一緒なので、そこは計画的に使わねばなりません。

ポットは各自に与えられ、平生は、ほうじ茶が毎食ごとに配られます。これも服役当時は、ただの薬缶《やかん》だったので隔世の感があります。こうして、大晦日の豪華絢爛!?たるディナーを軽くすまし、読書、原稿書きに励むのです。今回の年末年始は、本書の原稿書きだったので余計に腹七分をキープしていました。

私のルーティは、いつも同じで特に大晦日という気分にはなりませんが、同囚たちによれば、私は奇人変人だそうです。その昔、工場では本当に公然と「貴人」ではなく、「奇人」と呼ばれていたものです。

私は上級者?なので、29日、30日、大晦日の午前10時までに正確無比のペース配分で菓子を処理していました。29日こそ夕食をどかんと減らして菓子を口にするものの、30日と大晦日は朝の味噌汁のみで、菓子を処理しています。菓子の袋にはカロリーが記されているので、一食ぶんと同じになるべく調整するわけです。

## 菓子取扱厳重注意とは⁉

この菓子の食べ方については、社会の人が夢想だにしない障害、陥穽《かんせい》が潜《ひそ》んでいます。私たち受刑者は日頃から菓子を食べ慣れることはなく、口の中がヤワになってしまっているのです。

そんなことがあるのか！とお思いでしょうが、あるのです。それで、せんべい、ポテトチップ、えびせん、おかき、揚げ菓子一袋を一気に食べたならば、口の中は確実に荒れ、他の物が食べられない、食べると痛い、味がわからないといった惨状に陥《おちい》るのです。

まさかと思うでしょうが、食べ慣れないというのは、そういうことなのです。令和6年の菓子でいうなら、『ばかうけ』が要注意品でした。そこで、これを3日に分けて食べることになります。

ここは、キャリアの浅い青二才の受刑者にはわからず、三が日の間、ずっと口の中を痛くしたまま、御馳走が拷問になる者も少なくありません。年に一度だけの最大のイベントなのに万全ではなくなるのです。誠にご愁傷様、と言いつつ、笑ってしまうのが塀の中の住人たちです。私は熟練者として難なくクリアし、大晦日の昼食も、ごくごく軽めにし空腹にしておきます。

同じことを20回30回やっても学習しない者が過半なのが受刑者ですが、この件につき、毎年、「患者さん」が出ることになっています。そうして、いよいよ、満を持して折り詰め、その他が配られ、皆こぞって遅滞なく片付けるのでした。

この時は、時刻は午後4時20分前後です。作業のない日を「免業日《めんぎょう》」と称していますが、この日の夕食はこの時間になります。作業のある平日の夕食は午後5時少し前です。食後の私は、ひたすら原稿を書きます。

年末年始は特別に書き入れ時なので、のんびりなんかしません。のんびりできるのは黄泉の人となった時です。我が父は言いました。「くたばったらずっとのんびりできるから生きてるうちは、しっかり働け」と。私の本性は孝行息子、律義者なので、その言葉を金科玉条のごとく死守しています。

そういう健気《けなげ》な息子を見て、我が父も草葉の陰で、さぞ、「けっ、死守することは、もっと別にあっただろ、バカ者」と鼻白んでいることでしょう。

こうして近年、午後7時20分よりラジオが紅白歌合戦を流します。工場に出ていない私にはテレビがありません。工場に出ている者は、リモコン付きの壁掛けテレビがあり、自由チャンネル（昔は官が選んだ番組のみ）で見ています。

## 午後7時20分、さあ出番だ！

紅白を見る者は少なく、他の番組があれば、格闘技か、とにかく若い女の子がたくさん出る番組が人気です。平和を愛する者が少なく、内心では争い好きなのですが、表面上は、燃え上がると人の命すら、なんとも思わない連中なので互いに偽装であっても友好的です。

私も近ごろの紅白は知らない歌手の方がはるかに多く、あまり聴かないどころか、うるさいなと部屋のラジオのスイッチを切ってしまいます。

7時20分、紅白が入ると机の上をきれいに片付け、新聞紙を大きく広げます。私、きれい好きなので机を汚さないためです。ちなみに受刑者には分裂症気味の者が多く、「きれい好きの掃除嫌い」が珍しくありませんが、私はバッリバリの言行一致、陽明学の実践者です。

事前にビニールフィルムを取り除いていた、カップ麺の『どん兵衛』を新聞紙の上にセット《あ》し、蓋《ふた》を厳《おごそ》かに3分の1ほど開いて、スープの粉を満遍なく散らし、湯を注ぎます。揚げはビニールに包まれたまま、脇に置いときます。

緑茶のティーバッグを、深いグリーンのポリプロピレン製の湯呑みに入れ、こちらも湯を注いでおきます。ポットの湯は少し冷めますが、猫舌、猫肌の私にはいい塩梅《あんばい》です。待つこと約4分、少し長めにします。

そうして徐《おもむろ》に蓋を取り、麺をかき混ぜます。風味が鼻孔をくすぐり、「おっ、大晦日、年越しだな」の気分が膨らみます。ビニールを取り去った揚げを、麺の端に置き、麺から食べます。

落語の世界なら、「縄をたぐる」「長シャリをたぐる」ですが、小さん名人とまではいかず、ズズズッと、すすりません。汁が服や周囲の人に飛ぶのを防ぐためです。

社会にいた頃、ソバが好きでしたが、ネクタイにワイシャツ姿で食べるのが普通だったので断じてすすらず、音もなく食べます。決して育ちが良いわけではありませんが、麺、スープは音を立てずに食べてきました。音を立てることにつき、悪弊とは微塵も考えていませんが、単に服を汚さないためです。

これでも小学生の頃、近所のお母さんたち、PTAのお母さんたちから、「豆紳士」と呼ばれていました。プレスのきいていないズボンでは学校に行かない！とゴネる子でした。

雷オヤジの父が、「さっさと行けーっ！」と怒鳴っても譲れないことなので、床に大の字になって、「絶対にいやだーっ!!行かなーいっ!!」と叫んでいました。すると根負けしてアイロンをかけてくれるのです。そして足元はズックではなく革靴、それもピカピカでないと、これまた学校に行きません。厄介なガキでした。

今も自分自身と付き合うのは厄介なので、早いとこ辞めたいのが本音です。さて『どん兵衛』、これもほぼ全国共通のようです。年に一回だけに、「至高の逸品になりますねえ」『どん兵衛』の入るだけのスペースを、ちゃんと空けているので、味は特上のまま終えられます。

受刑者は、この時、折り詰めと同時くらいに食べると、膨満感及び胃腸の機能低下が三が日の間続くことになるのです。作業のある日の麺類のつゆは残しますが、大晦日の『どん兵衛』は、作業に関係ないのでしっかり収めます。美味！です。

## さあ、いよいよ宴だ！

夜が明けるとワル共にもニューイヤーとなります。休日の起床は午前8時で、その25分から30分後くらいに食事です。

この時のメニューは、「味噌汁、松前漬、塩辛」のみ、シンプルです。これ、よ～く考えてあります。シンプルゆえに、昼飼と晩餐にボリュームを置けるのです。

朝は銀シャリを少しだけ食し、前日に配られた口取り4品を片付けます。口取りは和菓子（あん入り）です。午後以降、菓子、甘い物は、基本的に口にしません。コカ・コーラ500mlペットボトルも出るので、コーラの炭酸が好きではない私は、ほとんど飲まずに、捨てます。この時点で腹六分くらいをキープすると、昼と夜が楽です。

職員とも新年の挨拶を交わしますが、すっかり、その慣習に慣れました。

そうして昼飼になります。メニューは、「酢めし、揚げ（味付き）、餅2個、雑煮、伊達巻き、手作りプリン」です。この酢めしと味付けの揚げで、おいなりさんができる仕組みでした。なつかしいですね、おいなりさん。小学校の運動会での定番メニューでした。

しかしながら、酢めし、3分の1のみ食べて残します。入れると満腹になるからです。

また、令和6年の正月は炊場要員にコロナの感染者が出て、この日も、みんながキリンのように首を長くして待っていた手作りプリンはなくなってしまいました。受刑者たちの恨めしそうな声が聞こえてきそうでした。私も残念な1人ですが。

雑煮、実はここで初めて食べました。社会ではお節《せち》など口にしませんでしたので、「へぇえ」でした。餅も今回はコロナのせいで人が減り、餅が作れず、市販品で今ひとつでした。伊達巻き、美味です、毎年のことながら！食べ方のペース配分の下手なビギナー共は、酢めしも完食して、「うげー、苦しいー」となります。「苦しい思いをしてまで喰うか!?」の私ですが、私の方が奇人、変人です。

私も50代前半までは、わりとイケる方で、きっちり収納して、バリバリ運動（正月休み中は、午前と午後各20分ずつと、１回あたり5分間延長）していました。「へん、まだまだイケるぜい！」と。

元日は、普段より超特急モードで原稿を書きます。正月だから特にゆったりというのは、労働意欲の塊なので断じてしません。この日、きっちりできなければ、ろくなもんじゃない、の精神です。

午後4時過ぎ、元旦の晩餐の時が訪れます。これまたウン十年も同じ顔振れですが、Qちゃんになってからマイナーチェンジでグレードアップしています。

メニューは、毎回の銀シャリの他に「フライ（海老、カニクリームコロッケ、黒胡椒の手羽元）、シーフードシチュー、金時豆とさつま芋の煮物（バカ旨《うま》！）、温野菜（ブロッコリー、ニンジン、旨し)」です。手羽元がQちゃんのマイナーチェンジですが、しみじみ、「うまい!」となる一品《いっぴん》でした。

金時豆とさつま芋の煮物、俳優なら名バイプレーヤで侮《あなど》れません。海老も社会にいた頃からの好物の一つで、この取り合わせは服役時から気に入っています。と、いうより、私は自分の力でどうにかできることには最善を尽くしますが、自分の力でどうにもならないことには寸毫《すんごう》もこだわらず、これで十分とするようにしています。

30年も40年も不変のメニューというのも趣《おもむき》があります。ここでは30年など、「あっという間」という感覚も尋常ではありませんが、すっかり慣れてしまいました。

宴は2日に突入します。私は毎年、この2日の朝餉が楽しみの一つです。メニューは、「さつま汁、味付け数の子、野沢菜漬」のみです。これ、ボリュームが少ないように感じるでしょうが、それが胃に合うのです。

大晦日からの突如とした御馳走、ボリュームに胃が疲れて、もたれているのです。そこにみつ葉、さつま芋、ニンジン、鶏肉など具だくさんのさつま汁は、陳腐な言葉ですが、実に「胃に優しい」のでした。

味付け数の子、野沢菜漬も、ここで口にしましたが、なかなかの味で、特に野沢菜漬のシャキシャキした食感が、なんとも言えません。いまさらですが、喰わず嫌いの偏食は人生を狭くすると痛感した次第です。

ここで菓子をきっちり処分していた私には、胃の休養となりますが、未練がましく菓子を残した者は、胃を休めることなく胃もたれ状態となるわけです。

ベテランになると、休み前に胃腸薬を4、5日ぶんもらっておきますが、そんなものを飲んでまで食べるか、です。この朝の銀シャリも、3日くらいで終わりにしておきます。すぐに空腹になると原稿書きも捗《はかど》りますし、体調も良好です。

昼は、「海鮮シューマイ3個（美味）、かぼちゃのいとこ煮（小豆と煮た物で美味）、イタリアンサラダ、きな粉、餅2個」です。餅が出ると銀シャリは食べませんし、入りません。ティーバッグが1袋出るので、まっとうな緑茶を味わいます。お茶好きの私には至福のひと時です。緑茶が出るのは、大晦日とこの日だけです。

シューマイも社会では食べませんでしたが、イケます。その点ではギョーザも同じです。これも、「おっ、イケるぜ」でした。晩餐は、「イカチリソース、春巻き2本、コールスロー、コーンスープ」ですが銀シャリ以外、平らげて腹八分です。

イカチリソース、他、普段の食事にも出ますが、この日の夕餉は、ずっと魚の西京漬け焼だったのが、近年変わりました。おそらく以降、ここは変わるでしょう。

この日の夜、受刑者たちはパンパンに膨れた腹を抱えて、「あと一日か」となります。明けて、宴の千秋楽です。この日まで菓子を残した者にとっては、なかなかの試練の日になります。

朝は、「沢煮椀《さわにわん》風汁、わさび漬け、塩辛」にてスタートです。沢煮の野菜がいい味を出していいます。野菜がいいのです。

塩辛はいいですが、わさび漬けは今もって食べられません。アルコール分が、どうも私の口と合わないのです。それでも塩辛と沢煮で銀シャリを3口食べて終わります。腹四分かというところですが、これで十分なのです。昼は、私の好物の赤飯ですから。

昼餉の時間となり、「赤飯、トマトペンネ、坦々風スープ、手作りココアプリン」が配られます。トマトペンネは、酸味が私の嗜好と合わないので、丁寧にお引き取り願います。そうして、姿勢を正して、赤飯にとりかかるわけです。

赤飯の登場は、誕生会の日と合わせて年に2回になります。昨年の誕生会の時から、赤飯の担当者は開眼したのか、ぐーんと味、質感が向上しています。

「うーん、極楽浄土の味か。いやいや、俺みたいのは地獄に堕ちるのだ。でも、これはいい」と膨れ上がる口福感に浸る一時《ひととき》です。

合わせて、ピリッと辛さが冴える坦々風スープが、なんとも言えないハーモニーを奏でてくれます。平生より処理能力を上げている胃に対しての刺激剤、カンフルとなって、体全体がシャキッとします。

ラストのデザートは、今回の炊場要員のコロナ感染で消えてしまった大晦日と元旦のプリンを補うように、大型の食器に鎮座していました。表面の光沢が私を甘い生活、ドルチェ・ヴィータへと誘《いざな》ってくれます。

ずっしりと重い食器を左手に持ち、右手のスプーンで一口食べると、甘さと食感に星が瞬《また》くようでした。量が多いので、トマトペンネをスキップした己に、「よう知っとるのう、われ」と心の内で声を掛けます。

「あたぼうよ。30年以上もやってんだからよ」と返して、二口目《ふたくちめ》を口にします。ああ、限定された世界でのプリン、堪《たま》りません。塀の中で自由に食べられないがゆえに、ここまで美味と味わえるのです。

満足する閾値《しきいち》を下げているからで、このように生きていれば、精神は平穏（アタラクシア）を感じられます。ただ、仮に私が社会にいれば、こんな考え方、態度でいられるかは未知数です。それでも、「足を知る」とは、どのようなことかは、気付いたと言えます。

3日の夕方、とうとう最後の晩餐のような気分で迎えます。ラストディナーのメニューは、「チキン南蛮《なんばん》タルタルソース、大根とニンジンの酢のもの、ミックス野菜のソテー、正月用特製汁粉、餅2個」です。

この時から銀シャリではなく、麦《ばく》シャリ、麦メシになりますが、私は食べません。K子ちゃん時代は、チキン南蛮ではなく、牛ステーキでした。普段よりは、いくらか厚めの薄い牛肉が、冷《さ》めて白い脂《あぶら》に包まれて出されていました。

幼い頃から肉食の私からすれば、こんなのがあるのか、という肉ですが、数年目から何とも感じなくなりました。人間は適応するから進化し、生き残れたという事実を身を以《も》って得心した次第です。

和牛のA5とまでは望みませんが、等級がCの肉でも塀の中では、「まあまあ」と食べることができました。Qちゃん時代になって数年は、そのまま踏襲されていたのですが、ある年から現在のチキン南蛮タルタルソースになっています。

チキンも大型で、ボリューム感たっぷりです。なによりもタルタルソースと銘打った、卵の量が半端ではなく、パン食時に大好評の卵サラダ以上の味、質、量でした。

チキンの味付けも照り焼風で、単体でも十分にイケます。それにタルタルソースです。これぞ、ラストディナーに相応しい実力を備えた逸品でした。

順序としては、酢のもの、ミックス野菜を片付けて、チキン南蛮に取りかかります。チキンを噛むと、ジューシーな肉汁が口中に広がります。これだけの人数の調理をしているのに、この状態を供与している炊場要員たちに、「うまいぞ！」と言ってやります。

タルタルソースの味も大変なものです。チキン南蛮を味わった後のデザートは受刑者の人気メニューの汁粉です。しっかり小豆が入っている汁粉は、刑務所では特別な御馳走の一つになっています。

出所者が、わざわざ自分で作って食べるというのも、うなずけます。そうして、餅2個を汁粉に入れ、小さく切りながら味わいます。

毎年、高齢者が餅を喉に詰まらせて亡くなるニュースが流れますが、当所の高齢受刑者たちは、しぶといのか、悪運が強いのか、なかなか亡くなりません。加齢による嚥下《えんげ》能力の低下、私も感じる年頃となったにもかかわらず、私よりもはるかに年長の受刑者たち、喉に餅を詰まらせて死なないというのは不思議な現象です。

この汁粉を食している時、「よし、明日から作業だ。今年もバッリバリやるぞ！」と己に檄《げき》を飛ばすのが恒例になりました。受刑者たちの思いは、「あっという間」の1年を経て、また御馳走の日々を心待ちにするというものです。

長期刑を務める受刑者にとっては、1年など無きに等しいものであり、すぐに年末年始がやって来ます。中には、これが最後の正月で、その年に出所という者もいるでしょうが、塀の中と同じ水準の食事ができる者は、一握りしかいません。

それにしても、「盆と正月が一遍に来た」とは、うまいことを言ったものです。刑務所での正月こそ、その言葉に相応しいものでした。

## 仰天！抱腹、正月エピソードあれこれ

ワル共にとって、1年に1回の大イベントの正月の御馳走三昧ですが、非日常の「ハレ」の時だけに、常日頃には見られない逸話が生まれます。そのいくつかを紹介しましょう。

たった3日半の御馳走ですが、受刑者たちの胃には飽食の日々です。従って体重の方も「非日常」になりますが、その増え方は尋常ではありません。

大晦日の晩餐から3日の晩餐までの3日半で、増える者は5キロ、6キロ、普通でも4キロ、5キロは増量するのです。令和6年の正月、私は服役が始まったばかりの30代の受

刑者との運動でしたが、彼は5キロ太りましたと語っています。務めて間もないのですが、さすがに銀シャリまで全て完食は、「きつかったです」と笑っていました。

これまで最高は、共同室にいた者で、９キロというのがありますが、これは口にしたのが一人前でなかったことを示しています。物は、食物や他の物一切を含めて、他者とのやり取りは厳禁ですが、共同室では巡回、見回りの職員の目を盗んで、ごく普通にやっています。

もちろん、現場を見られたら、取り調べの上、「不正物品授受《ふせいぶっぴんじゅじゅ》」で懲罰です。ワル共には、見つかっても素直に認めない者も多く、くれた相手をかばうために、「△△さんが捨てた物を自分が勝手に喰った」と言い張ることも、一つの「お約束」になっています。

すると、やり取りした両人が懲罰になることはなく、もらった方だけの処罰となるのです。この逆のケースもあります。渡した相手をかばうため、無理に受け取れ、と強要した、とか。これは、ごく稀なケースですが。

最も多くて呆《あき》れてしまうのは、見られているのに平然と、「やってません」と逆ギレするケースです。よくも、そんなことが言えるものだと思うものの、良心の咎《とが》めがなく、平然とウソが言える者が多いのです。

体重増加では、私の例もあります。今から19年前の正月のことでした。当時、40代半ばの私は単独室（独居房）で、連日、至福の三が日を過ごしていました。この年、どういうわけか、正月のメニューが例年以上に豪華絢爛となって、ボリュームも増えていたのです。回顧すれば２００６（平成18）年になりますが、日本は今と違って少し前までデフレの真っ只中で、食品の価格も安かったのでしょう。K子ちゃん時代にしては、ましなラインナップでした。そう考えると、一昨年から今も継続中の物価高は、Qちゃんにとっては頭の痛いことでしょう。

40代半ばの私は、まだ胃も現在のようにまでは萎縮しておらず、量も食べられたのです。この頃、同囚が口にしていたのは、「他の刑務所の正月なら5キロや6キロは太るのに、ここは3キロくらいだ。ひでえメシですよね、正月だってのに」が定番でした。甘シャリ、菓子の内容も彼らからすれば、「ええっ、こんなもんなんですかっ!?あんまりだっ！」だったのです。私も前にいた拘置所から刑が確定して、ここに来た最初の正月は、あまりのひどさにあきれたほどでしたが、他施設は菓子の量も種類も段違いに多いのが標準でした。

当時の私は単独室で御馳走を平らげては、腕立て伏せ、腹筋、スクワットの筋トレに励んでいたのですが、これは今も変わりません。そうして４日の日に工場に出ました。いつものメンバーと新年の挨拶を交わし、初めの休憩時間に、元気な若者たちが集《つど》う、私主宰の筋トレのための『富士乃塾』での初トレーニングとなりました。

私のアシスタント役だったＮ君が、上衣を脱いで、いつものように半袖丸首シャツ姿で運動する私をじぃっと見つめています。Ｎ君は元陸上自衛隊出身者で、私の体を見て一も二もなく、愛弟子《まな》になった好青年のワル？でした。とにかく、彼は私の体を、いつもいつも凝視していて、もしかして男が好きなのか!?と感じさせるほど、私の肉体のファンでした。

すると、「ねえ、富士乃さん。なんか胸でかくなってません？でかいですよ、今日の胸」と言ったのです。私は、「気のせいだろ、Ｎやん。たった３日くらいで、そんなにでかくなるもんでもないだろ」と返しましたが、Ｎ君は、そんなことないです。いつも見てますから、と私の胸に突き刺すような視線を送っています。

人間の体が、３日で大きくなるなんて、考えられない、というのが本音でしたが、作業後の入浴時、Ｎ君は、「やっぱり、でかくなってますよ、胸。間違いないです」と断言するので、いつもなら鏡は見ませんが、その日は写してみたのです。

あれ？　ちょっと厚くなってんじゃないのか？　でした。そうして体重を測ってみました。「おおっ、4キロも増えてるぞ」となり、N君は、「やっぱり、でかくなってるでしょ。俺も今回は6キロも増えましたから」とニンマリしています。

たった3日で胸筋が、こんなにでかくなるなんて、と一驚《いっきょう》を喫することになったのです。いや、本当に魂消《たまげ》ました。人間の体の神秘さと生存のために絶えず、不足しているものを貪欲に求めているのだと思い知りました。

これは厳しい減量をしてきたボクサーが、試合前日の計量にパスした後に、しっかり食べて当日は4、5キロ重いウエイトになっているのと同じ原理で、細胞がたんぱく質を激しく求めていたのです。

平生の食事は、K子ちゃん時代ですから、ろくな物ではなく、中でも脂質とたんぱく質は極度に欠乏していたのです。そこに、まともな食事が出て、脂質及びたんぱく質を補充したので、体は貪《むさぼ》るように、それらを吸収したのでした。

これが他者の話なら半信半疑ですが、懐疑心の強い私に起こったことなので、信じざるを得ませんでした。それにしても、人体の驚異というか、欠乏している物を吸収、取り込む細胞の本能、働きと筋細胞がたんぱく質からアミノ酸を抽出、筋肉を肥大させるメカニズムに、ほとほと感心、感動するばかりです。

この日の朝、半袖丸首シャツを着た際、胸元がぴっちりしていたので、てっきりシャツが洗濯で縮んだのだと疑いもしなかったのですが、体の方が大きくなっていたのでした。人間の細胞とは本当に嘘がないもの、忠実なものだと改めて認識しました。

その後、ここまで明確に大きくなることはなく、私自身の肉体の代謝も衰えたのかな、と考えています。ちなみに本年の正月は、これまでで最もセーブしていたので、体重は全く変わらず、その後は減っています。

## 厳寒も吹っ飛ばす!?御馳走パワー

私のいる所は冬は相応に厳しい寒さとなります。共同室の便所の壁についた水分が、一面の氷となり、窓にはびっしりと、それはそれは見事な「氷の華」が咲き、その情景の美しさ、自然のなせる業《わざ》に、ひたすら瞠目するばかりです。

私は冬の寒さについては、昔からシベリアに抑留された日本兵のことを思えば、なにほどのことでもない。と頑《かたく》なに防寒のためのメリヤス（昔ふうのラクダのモモヒキ、シャツ）上下、単シャツ（衿のない厚手のシャツ）、単股《たんまた》（ズボンの下、メリヤスの上に穿《は》くズボン下）、チョッキ（キルティング）を着ずに過ごしてきました。

冬でも靴下は履《は》きません。冬期に運動のために外に出る時も夏と同じく、工場衣（作業服）の下は、下着の丸首半袖シャツのみ、靴下なしです。同囚らは、メリヤス上下、単シャツ、単股、チョッキを着込んでいるのが標準です。

こんなところも、「奇人」の所以《ゆえん》なのですが、あのシベリアの零下20度30度の中で、満足な防寒着、食事も与えられず、重労働させられた先人たちの日々、命をかけた千辛万苦《せんしんばんく》を想起すれば、私たちの寒さなど、遊びのようなものとしています。

ここの寒さは、社会で暮らしている人々にとっては、観念としてわかるとしても体感できないものです。朝の室温は10度前後、仮に暖房が入ったとしても、規定では16度になれば暖房を止めろ、ともなっていました。

しかし、人間は強い、というより適応するもので、そういう所で生活していると、16度なら、普通か少々肌寒いくらいにしか感じなくなり、メリヤス上下、チョッキ、他を着込むと、ちょうどいい、わずかに肌寒いくらいになります。

70代80代の受刑者でも、凍死したというケースは聞いたことがありませんし、入浴後、そのまま部屋に戻っても、社会の人のように、「湯冷《ざ》め」などという概念は消えてしまっています。

そのような状況下で務めていますが、正月の三が日だけは、ほとんどの者が「寒さ知らず」になるのです。これを体験した時、人体の妙に感動さえしました。食物だけで、こんなにも体は熱を作れるのか！と感嘆したのです。それほど、日常の食事との差は大きく、たかが食事、されど食事、と痛感しました。

正月前後、1月2月は特にコンクリート製の便所の壁が凍りつくほどなのに、みんな、「あったけえ」と喜んでいます。食事の質が良くなると、熱を産むパワーも向上するのは、ハイオクガソリンを入れたようでもあります。

## 憐憫か？怨念か？干し柿の乱

これは7人が暮らしていたある共同室、以前の呼び方では雑居房《ざっきょぼう》でのエピソードです。ここで堂々の主役を張るのは、無期囚のKです。Kは凶悪犯と呼ばれる受刑者が多い当所でも、珍しく「根っからのワル」でした。

殺人犯といえども、根は悪くない者がほとんどの中、「こいつは、ここに来るべくして来る奴だ」という評価を持つ、珍しい御仁です。言葉遣いも、互いに配慮し合う長期刑受刑者としては例外で、粗野で、他者に不快感をどしゃ降りのごとく与える問題児でした。

率直に言うなら、「鼻つまみ者」「嫌われ者」ですが、本人は意に介していません。一日中、他人の悪口、官への文句、生活への不満ばかり口にして、同囚を侮辱するのが日課のような奴でした。

このKが、大晦日の折り詰めを開けたところ、大好物が入っていました。早速、「俺はよう、この干し柿が、ガキの頃から大好きなんだ」と言い放ったのです。前にも書きましたが、食物は人の心を優しくします。

この時、他の受刑者の1人が、「じゃ、これ、やるよ」と自分の干し柿2個をKにあげたのです。優しい受刑者がいたものです。

Kは臆面もなく、「そっか。へへへ、わりいな。俺、本当に、これ好きなんだ」と、いつもとは別人のような笑顔を見せたそうです。

「別人のような」がポイントで、この落差が御馳走を前に、気持ちも昂揚している他の5人の琴線を激しくかき鳴らしたのか、みんな、「俺のもやるよ、はい」とばかり、全員の干し柿がKのもとに集まったのです。

Kは、大喜びで、「おっ、みんな、わりいなあ。へへへ、ああ、堪《たま》んねえぜ」と相好を崩しました。一同は、そんなKを見て、「こいつは根っからの悪人でいやな奴だが、こんな顔になると憎たらしさも半減だ」と、ほのぼのとしたそうです。

で、Kは、根っからの性根《しょうね》が出て、7人分の14個の干し柿を一気に食《しょく》したのでした。一度にです。柿は、果物として、なかなかのスグレモノで、ベータカロテン豊富、ビタミンに加えて、活性酸素（フリーラジカル）を除去する黄色素のベータクリプトキサンチン、赤色素リコピンもたっぷり、苦味成分のポリフェノールのタンニン、塩分排出のカリウムも含んでいます。

黄色素のベータクリプトキサンチンは、柿のオレンジの素で抗ガン作用もあるようです。ただ、干し柿にすると、ビタミンが減りますが。そうして、もう一つの作用、働きがありました。それはペクチンです。

ペクチンは腸に作用し、整腸の他、有害な物を排出します。Kの腸内に有害な物があったかどうか、知る由《よし》もありませんが、存在自体、社会・人類・地球・銀河系にとって、大いに有害だという点については論を俟《ま》ちません。

と、いうわけでKは突如として腹を壊し、便所に通うことになったのでした。それも1時間に何度も何度も、そうして、なんと1月4日まで治ることはなかったのです。

えっ、御馳走ですか? Kは端《はな》から食欲が失《う》せて、「みんな、喰ってくれよ、ほら」となりました。これは、一同が結託してハメたわけではありません。ペクチンの働きどころか、名称も知らなかったでしょう。不二家のペコちゃんなら知っていたでしょうが。

正月明けに、工場に出てKを見た時、げっそり痩せて、顔に艶もなく、皺も目立ち、なにより、平生の「ワルガキ」の目が死んでいたことに、みんなは心配そうな振りをして、陰で笑ったり手を叩いたりしていました。やっぱり、ワル共です、こいつら。

えっ、私ですか? 人の不幸、不運を喜ぶ、「シャーデンフロイデ」の精神を軽蔑しているので(格好つけてるのでなく)、憐憫の情を懐いた後、「天網恢々疎《てんもうかいかいそ》にして漏《も》らさず」という格言を想起し、人生は因果応報、今後はより一層、善人として、他者に優しく、親切に生きよう!と改めて誓いを立てた次第です。

翌年も折り詰めに干し柿が入っていましたが、「Kさん、好物なんだって。これ、やるよ」と言った同囚に、「いやいや、自分のぶんだけでいいよ」と断ったそうです。

珍しく学習しましたが、アフターフェスティバル、後の祭りのようでした。現在、折り詰めには干し柿が入っていません。私も好物なのですが、残念!

## 御馳走で腰が抜けるって!?

私たち受刑者は、日常で社会の人のように、いろいろな物を口にしないので、体がピュア、クリア、素になっています。私なんぞは、薬好きの受刑者ではなく、薬もろくにもらわないので、何年かに一度、何かの薬をもらって服用すると、マンガのようにピタッと効いてしまいます。

受刑者の多くは異常な薬好きで、それこそ馬に喰わせるくらいにもらう者も、そこかしこにいるのです。コーヒーを飲むと、少なくない者が、カフェインでフクロウに化しますが、中でも私は大フクロウでほとんど眠れず、小用に7回8回も行きます。

これが、素になっているということですが、食べ慣れない物を体に取り込むと、反応がしっかり出るわけです。私がまだ新人だった頃、ベテランの受刑者に、「正月は、ごっつおう（御馳走）で腰が抜ける奴がいるから、気を付けるんだよ」とアドバイスされたことがあります。

腰が抜けるって？どういうことだろうか、と怪訝《けげん》に感じたものです。同囚に尋ねると、「ああ、いるいる、いますよ。腰が抜けんですけど、なんでかなあ」と答えるのみでした。

受刑者という人種は、あらゆる現象につき、論理的に探求することが少なく、自己の乏《とぼ》しい乏しい知識の内で、主観たっぷりの解を出して満足します。非科学的この上なく、話をしていると、「まさか!」となることが日常でもある世界です。

こんな状況下、正月に突入しました。腰が抜けるとは?と疑問符の洪水となった私ですが、間もなく、その現象に遭遇し、「あっ、このことか!」と秋晴れの空のごとく、疑念が晴れたのです。

私の目の前で、年長の受刑者が同囚からも甘い物を貰い受け、一気に食したのです。他者から謹呈された物は残しておかず、その場で食べるのが「マナー」でしたから。そうしたところ、「うう、ちょっと具合が・・・」となり、塩を振られたナメクジのように、ぐったりしてしまいました。

幸い、休日は午後1時から3時まで、布団を敷いて昼寝してもよろしい、という「午睡《ごすい》」の時間があり、年長者は横になったのです。夕食時、なんとか起きて食べ、布団を敷いて横になってもいい「仮《かり》就寝」の午後5時30分に崩れ落ちるように布団の中に潜《もぐ》り込んだのでした。

「血糖値の急上昇だ」塀の中で、ドクトル富士乃と、年長者たちから尊称を賜《たまわ》っていた私は昼に見た時に瞬時に診断を下《くだ》しましたが、状態が悪ければ、医務に診てもらうという算段で注視していたのです。

みんなは、血糖値が何なのかわかりませんでしたが、私が丁寧に説明すると、「なるほど」とニンマリしていました。これも、日頃、甘い物は食べないところから、急激な変化となっていたのです。

受刑者は社会で暴飲暴食の者も多く、糖尿病患者として入所してくることが少なくありません。こうした御仁の血糖値の急激な上下動は用心ですが、平生の健常者なら、静観しておくことでこと足ります。こういうことも非日常の「ハレ」の日の珍事です。

## 猫、虎になる!?

正月と言えば、外の社会では屠蘇《とそ》、甘酒が付きものですが、塀の中にも同じ習慣があり、日頃、アルコールとは無縁の受刑者たちの楽しみの一つになっています。当時の甘酒は炊場要員たちが作る自家製でした。

それを社会でも使われている、青い大きなポリバケツに入れて、受刑者のいる各棟に配り、各棟の経理係・掃夫係が、配食夫として各部屋に配っていきます。職員が立会《りっかい》しながら、柄杓《ひしゃく》で各人のポリプロピレン製のカップ（200CC）に注いでいくのです。

この時、配食係と受刑者の間での暗黙の闘いが繰り広げられます。というのは、このコップに注ぐ際、相手のことを考慮する心温かい善良？　な配食夫はコップからあふれんばかりに注いでいきます。

「名人」「達人」「使える人」ともなれば、表面張力でカップの上縁、ふち以上に盛り上がっているほどです。反面、中にはコップの上縁から1センチも下のところまでしか注いでいかない「不届き者」「使えない奴」もいますが、これにはカラクリがありました。

それは残ったぶんが自分たち2人の配食夫の余録《よろく》になるからです。つまりたくさん「残せば」自分たちは腹いっぱい飲めるということです。これは甘酒に限らず、今でもパン食時のコーヒー、紅茶、ミルク、ココアなど、当所の炊場で作る飲み物に共通した、配食夫の利得になっています。

そのため、意地悪い配食夫になると、受刑者たちのカップに注ぐ量は少なくなり、滅多にありませんが、稀に、同囚に、「いくらなんでも少な過ぎるだろうっ！」と、その場で叱責されることもあります。

この場合、叱責した受刑者も、「恥ずかしい奴」になるのですが、気にしない者もいるわけです。こんな時、配食夫が、「そんなことはありません。みんな同じです」と言って口論になれば両方共、取り調べとなることもあり、配食夫は黙って立会の職員に視線を向けて、「なんとか、このバカたれを黙らせて」とサインを送ります。

大概の職員は、叱責した受刑者に、そんなことはないぞ、と宥めますが、そこで言い争うと、受刑者は取り調べ、懲罰になるのです。最近の配食夫は以前ほどの「名人」はいなくなりましたが、総じて良心的です。

話が甘酒に戻りますが、私は甘酒は飲みませんでした。どうも、あの麹《こうじ》は、好きではないという印象があり、社会でも口にすることはなかったのです。大体、家で酒を飲むことが少なく、家人との付き合い以外は外でしか飲みませんし、塀の中に入っても酒が飲みたいとは、ほんの一瞬でも考えたことはありません。

共同室で同囚が年に１回のアルコールで顔を赤くしているのを見ると、日頃、アルコールを摂らない体には酔いが回るのだな、と納得すること頻りです。皆んな、幸せそうに表情が緩んで、とろんとした目つきになっています。

「ああ、１杯だけじゃたりないよなあ」の合唱ですが、これが配食夫になると違ってくるのです。青いポリバケツはかなりの大型でしたから、残る量も何リットルという単位でした。1升が1・8リットルですから、軽く1升はあったでしょう。それを2人の配食夫で「処理」するのです。中には片方が親玉で自分ばかり飲むということもあったようです。

普段、素の状態が続いている中で、アルコール度数が少ないとはいえ、1升前後を急いで飲むのですから、アルコールの効果は絶大です。「急いで」というのは、配食夫は食後の丼《どんぶり》、皿、残飯を各人から回収したならば、速やかに部屋に戻らねばならない事情があるからで、残った甘酒、コーヒー他は、お茶以外は部屋に持っていくことはできません。それで、その場で一気に「処理」することになります。

私は、その実態を目の前で見ましたが、年配の配食夫が猿のように顔を真っ赤にして、千鳥足で自室に連行されて行ったのです。職員は呆れた顔で、「大丈夫か？」と再三尋ねていました。

平生の模範囚ぶりとは、別人のように「けっ、大丈夫だよ、こんなもんはよお」と据《す》わった目をして吐き捨てるように答えていたのです。それを垣間《かいま》見た私たち一同は、「あいつ、酒乱だったんだな。すっかり猫が虎になってやがる」と笑い合っていました。

それが昼食時のことで、夕食時、その配食夫はダウンしたようで、職員が「△△、大丈夫か？配食出られるか？それじゃ無理だろう。おまえ、飲み過ぎだ」と言われてお休みとなったのです。

翌朝、朝食の配食に来た彼に、「二日酔い？」と問うと、虎から猫になったようで、「ええ」と、はにかんでいました。このような恩典も、ある年になくなりました。甘酒は現代風の缶入りの市販品となったのです。社会の皆さんも知っているであろう「アレ」になってしまい、配食夫の余録、利得はなくなってしまいました。

## なんだよ、イケるじゃないか！

私は甘酒は飲まないと述べましたが、長く続いたこの伝統も終わる時が来たのです。あれは私が単独室（独居房）で正月を迎えた年のことでした。私には一度口に入れた物は出さない、手を付けたら最後まで、という「掟」があるので、甘酒に口をつけることはなかったのです。

それが、ある親切な職員の言葉で変わりました。その職員は、甘酒を配る時に立会した人で、私が「要《い》らんです」と言うと、「えっ」という表情になった後、「正月の縁起物《えんぎもの》だから、一口だけでも口をつけてみな。ダメだったらトイレに捨てていいから」と温かい言葉を掛けてくれたのです。

こうした、人の善意には全力で応《こた》える私なので、それじゃあ、と素直に貰って、口をつけてみました。その瞬間、うん?となり、もう一口《ひとくち》、今度は多めに飲んだのです。

旨いっ!「なんだよ、イケるじゃないか!」となった次第でした。いやあ、喰わず嫌いは、いけません。こんなに旨いものだったのか、と甘酒の実力を見直しました。正月明けに工場に出て、その旨を同囚たちに教えてやると、「えっ、味、覚えちゃったんですかあ!?」という反応でした。

折角、覚えた味ですが、缶入りの甘酒、その後、数年続いただけで給与されなくなりました。私は特に飲みたいとは思いませんが、残念に思っている受刑者は多いようです。

近年は甘酒が栄養学的にも注目され、健康飲料の一つとして推奨されるのを、度々メディアで見聞きしますが、甘酒、なかなかのやり手でした。こうして、受刑者たちの「盆と正月が一遍に来た」という一世一代の宴が終わるのです。

ほとんどの受刑者にとって、社会での正月はまともな物も口にすることはできず、社会の一般の人との格差、社会からの疎外感を味わう時でもあります。その点で、塀の中の正月は御馳走以上に、心の平穏《アタラクシア》が保たれているわけですが、当人たちは深く考えていません。

社会のまっとうな人たちは、年末に帰省、あるいは家族親族の集合、あるいは海外へと、なりますが、過半の受刑者は帰省する実家・家族とは縁を切り、どこかに行く金もなく、無為に過ごしているのです。

むろん、全ては身から出た錆《さび》、自業自得なのですが、人として寂しい人生を送っています。そのことに気付きもしないのが余計に無惨です。昨今、社会では出所者、前科者に対して、さまざまな支援を模索していますが、犯罪傾向が悪質・深刻なＬＢ級刑務所の受刑者たちにとっては、本人自身が、その気がないので何の役にも抑止策にもなりません。

多くのＬＢ級刑務所の受刑者にとって、社会で真面目に働く者は少ないだけに、食と住には著しい支障を抱えて生きています。３食を食べられない者が標準と言っても過言ではありません。

そうした面々にとって刑務所は仲間がいて、衣食住の心配もなく、平穏に暮らせる、「最後の福祉施設」になっています。そうした中で、ＬＢ級刑務所は食事を与え、工場で就業している受刑者には、自由にテレビを見せ、社会に適応するための教育もせずに、長い歳月を過ごさせますが、当人たちに人生をやり直そうという意志がないので致し方ありません。

また、教育をしたくても、職員、マンパワーが足りないのが現状です。近年は刑務官以外にも、刑務所で働く職員の職種が広がっているものの、肝腎の刑務官が慢性的不足状態です。

ＬＢ級刑務所の受刑者ともなれば、自我が強固で、常識から大きく外れた者も珍しくありません。常識人ばかりの中で暮らしてきた人にとっては、別世界のようなところです。それだけに、異常な受刑者を相手にしなければならない職員にとってはコミュニケーションスキルや人としての度量の向上の修行となる場です。

私は常々、当所の職員たちの節度ある言行に感服しているのですが、相応の度量や、何よりも忍耐力がないと、受刑者たちとは付き合えません。「ああ、これは本当に大変な仕事だ。しかし、人間の修行にはなるな」と、職員の奮闘ぶりに敬意さえ、懐《いだ》いています。

受刑者の中にも、ごくごく一部に職員の人間味ある対応を高く評価している者がいて、わかる奴はわかると喜んでいます。そうした心ある受刑者が増えてくれることを願うばかりです。

# 終章

## 受刑者と食。最低の食事でいいのか!?

社会には、犯罪者の食事なんぞ、最低でいい、という人も少なくありませんが、「自由刑」の本質について、よくよく考量して欲しいです。自由刑とは、自由を剥奪して、刑務所の中に収容しておく刑罰です。

第5章で述べましたとおりに欧米では「自由」の価値が我々日本人とは比較にならないほど尊いので、一定の年月の自由を奪っただけで十二分な刑罰だと捉え、その他の生活は極力、社会にいる時に享受していた自由を与えねばならないという「ノーマライゼーション」が基本です。

それにより、家族や社会の人との面会、電話、手紙の自由は日本とは天と地との差です。日本では、犯罪・犯罪者は社会のスティグマ、恥、汚点という風潮が根強いので、欧米のようなノーマライゼーションとはなりません。

受刑者たちの無反省、勝手振りを鑑《かんがみ》れば、15年20年、30年という懲役刑であっても重いとは言えない、というのが私の持論ですが、そうした実態を捨象《しゃしょう》して、端的に人間の生から何十年という時間を剥奪することは決して軽いことではない、と考えています。

当人たちは、その価値をわかっていないのが、救いでもあり、悲惨さでもありますが。そのように思慮すると、刑務所での食事をある程度のレベルにすることは許容されるべき、との結論に達するのです。

健康面からしても、刑務所の規則正しい食事と生活はプラスとされていますが、実際は低栄養状態で、必要な栄養が十分とは言えません。厳しい予算の制約があるので致し方ない面もありますが、人間を何十年間も低栄養の状態にしておくことが、刑罰の一つであるとは考えたくはありません。

近時にいたり、受刑者の人権を尊重せよ、となり、令和5年12月（全国的には、令和6年4月より）より、受刑者をそれまでの呼び捨てから「○○さん」と呼ばせるようになりましたが、こんなことは表面上だけの欺瞞《ぎまん》で、真の人権が尊重されたことには断じてなりません。

このきっかけは、令和4年に名古屋刑務所において主に若い刑務官たちが、特定の受刑者に暴言・暴行をしてきたという事犯で批判もありましたが、現実は官の規律に従わないで反抗を繰り返し続ける、「処遇困難者」の受刑者を指導・管理するためだったのです。

塀の中には自分のエゴだけに執着し、職員の指示に従わず、同囚らに迷惑をかける者もいます。実力行使できない職員は再三、口頭で指導するしかなく、事実上、受刑者のやり放題になっているのです。

そのような、ろくでなしの受刑者の非の部分は報道せず、一方的に職員が悪いという報じ方は欺瞞でしかありません。そうして、受刑者に「〇〇さん」と敬称をつける、というのは本質を捉えていない、表層だけの「やっています」というアリバイでしかなく、真に尊重すべき人権は放置されています。

人権、人権というなら、面会の相手もＬＢ級刑務所においても親族以外の知人・友人とも許可する、さらには夏冬の冷暖房完備は最低限のことでしょう。

また、処遇困難者については懲罰期間中は刑の進行を止め、規律に従って生活しなければ出所できないようにすることも一策です。

現場の職員が、いかに大変な労苦を強《し》いられているかについては、法務省のやるべきことは、単に観念でしか改善できない学者や専門家という実は現実を知らない人たちの意見ではなく、最も身近で受刑者を知る職員の意見を徴して新しい制度を作らねばなりません。

海外の刑務所は日本の刑務所以上に予算をかけています。日本では一人に年間80万円、職員の給与も含めると年間２８０万円と言われています。対して海外では、アメリカは平均して一人に年間４３０万円、フィンランドは同６００万円から教育プログラムによっては８８０万円、イタリアでは１６００万円となっているのです。

欧米並みとは望みませんが、人間が人間らしく生活できる環境にすべきでしょう。食事も、その一環です。一昨年から物価高により、メニューから消えた物も多く、この点は改善を促したいところです。

## あとがき

ここまで、お付き合いいただきありがとうございます。世間では、なかなか知られることのない迷宮《ラビリンス》の「食」について書きましたがいかがでしたか、楽しんでもらえたら幸いです。塀の中では大の大人が日夜、メニューと睨《にら》めっこし、日々のささやかな楽しみを作って暮らしています。

他に楽しみがないという者も多く、人気メニューの日は、朝から心も軽やかというのが本音です。たかが食、されど食の存在は大きく、受刑者のメンタルにも大きな影響を及ぼしています。

私は、日本最低の食事から、トップレベルであろう食事への変遷を体験しているので、今以上の水準にして欲しいという思いはありません。今のままで十二分に満足していますし、今後の物価高、マイルドなインフレによって、質を維持することも難しくなることも想定していましたが、現実になりました。

長期刑務所の受刑者になってわかった、変わったことは、「多くを期待しないこと、今、あるもので満足すること」でした。そのおかげで、常にこんなものだ、と考えて生活しています。社会だったら、もっとこうなのに、とかも一切考えません。

そうすると、今の食事、境遇にも不平なく、平穏《アタラクシア》を保てるのです。世の中で最も厄介な相手は自分なので、なんであれ、「これでよし」としていますが、「刑務所視察の機会」などがあれば、当所の食事や、祝日特別菜を、是非皆さんにも味わって欲しいところです。

本書を読まれて、ワルの受刑者たちも、日々、ごく小さな楽しみを拠《よ》りどころにして務めているのだ、と理解していただいたら、望外の喜びです。読んでくれてありがとうございました。縁があれば、またどこかでお会いしましょう。

富士乃夜桜

## 本書の“もと”になった著者原稿

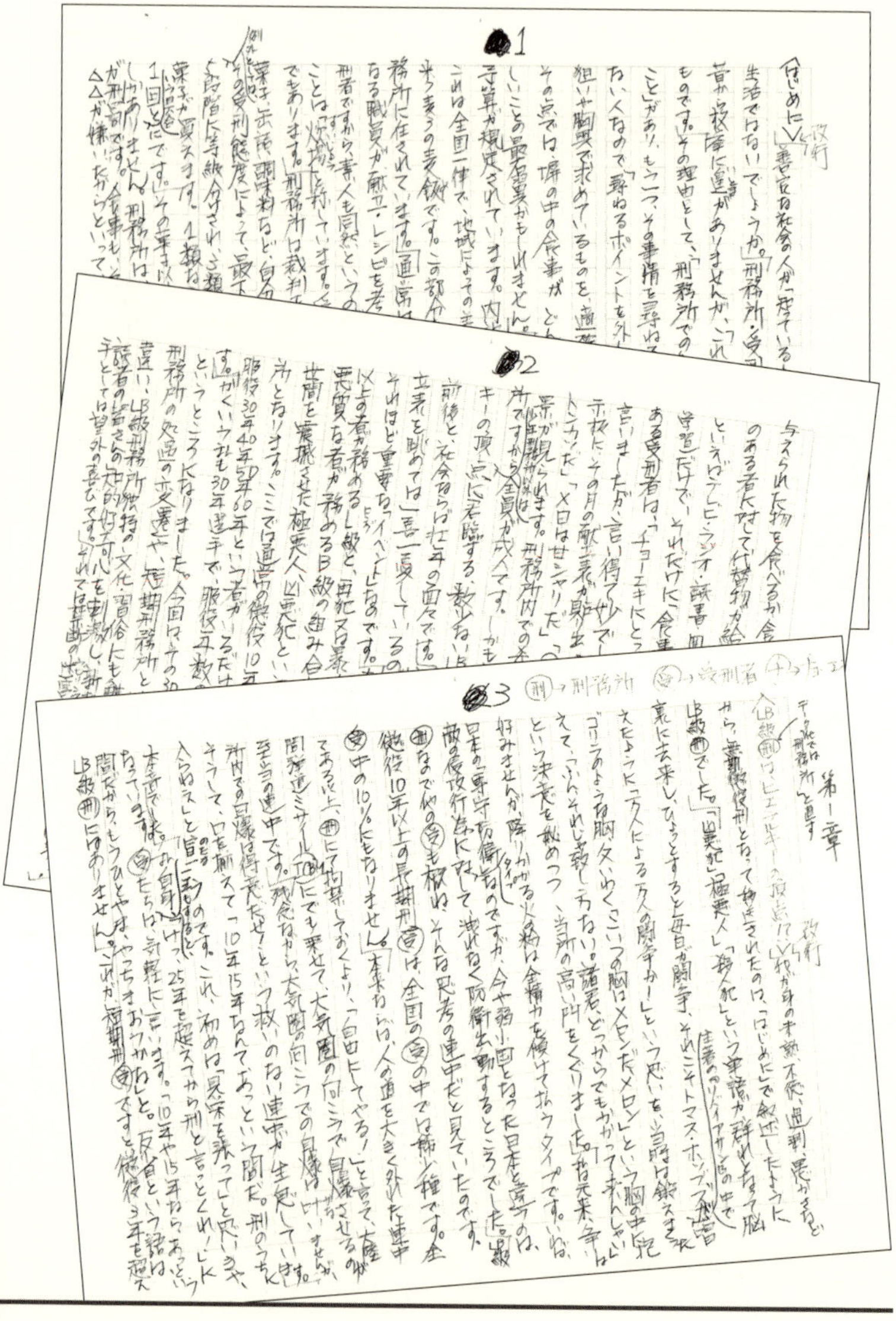

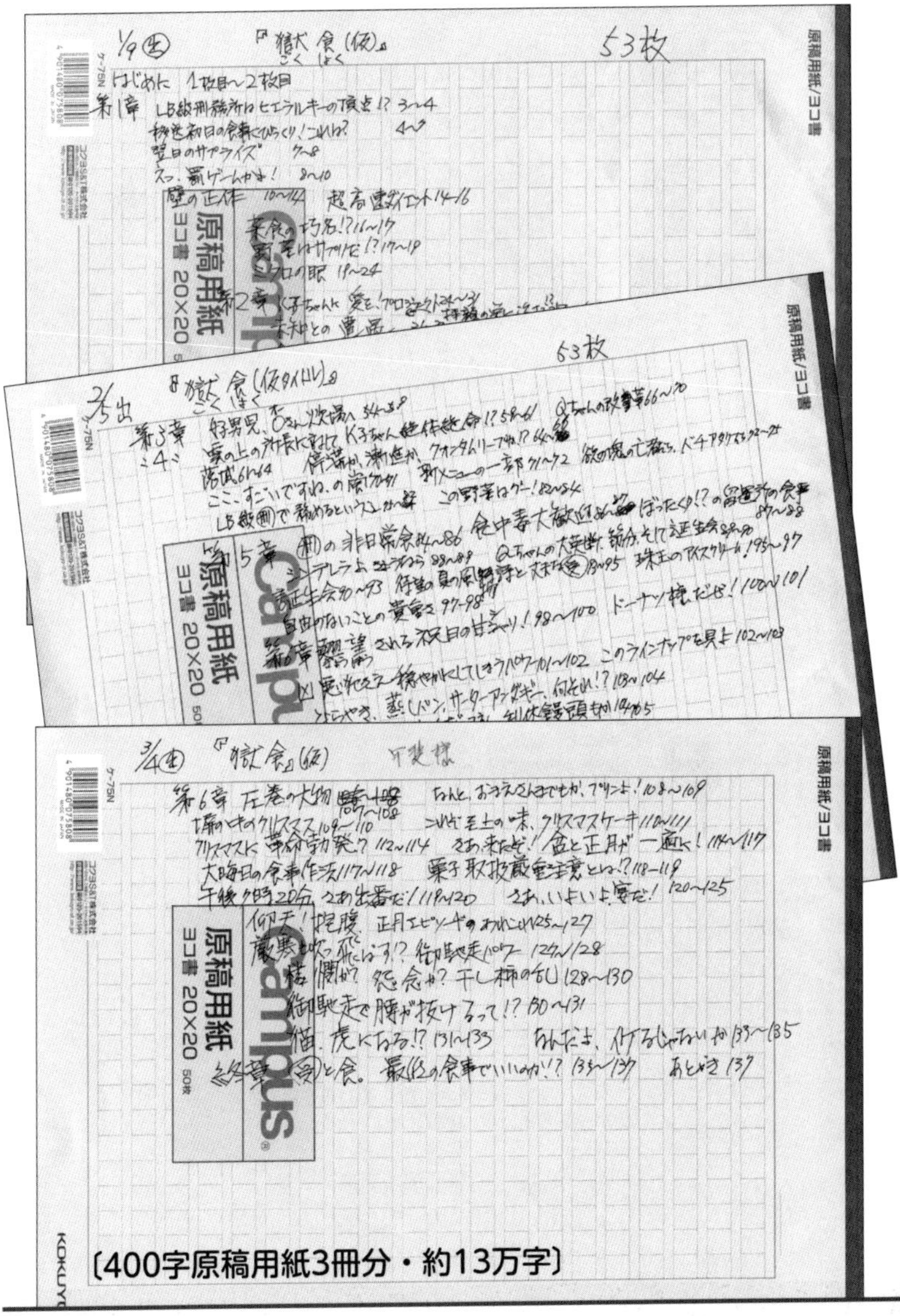

〔400字原稿用紙3冊分・約13万字〕

獄食
読書と夜桜が好きなベテラン受刑者

2025年4月29日　初版第1刷発行

著　者　富士乃夜桜
発行者　池田 雅行
発行所　株式会社 ごま書房新社
〒167-0051
東京都杉並区荻窪4-32-3
AKオギクボビル201
TEL 03-6910-0481（代）
FAX 03-6910-0482
カバーデザイン　（株）オセロ 大谷 治之
DTP　海谷 千加子
印刷・製本　精文堂印刷株式会社


ISBN978-4-341-08879-8 C0095